经济日报记者丛书

文体市场面面观

姜天骄 著

经济日报出版社
北京

图书在版编目（CIP）数据

文体市场面面观 / 姜天骄著. -- 北京：经济日报出版社，2024.7

ISBN 978-7-5196-1480-5

Ⅰ．①文… Ⅱ．①姜… Ⅲ．①文化产业－产业发展－中国－文集②体育产业－产业发展－中国－文集 Ⅳ．①G124-53②G812-53

中国国家版本馆 CIP 数据核字(2024)第 081501 号

文体市场面面观
WENTI SHICHANG MIANMIANGUAN

姜天骄　著

出　　版：	经济日报出版社
地　　址：	北京市西城区白纸坊东街 2 号院 6 号楼 710（邮编 100054）
经　　销：	全国新华书店
印　　刷：	北京文昌阁彩色印刷有限责任公司
开　　本：	710 毫米 ×1000 毫米　1/16
印　　张：	17
字　　数：	213 千字
版　　次：	2024 年 7 月第 1 版
印　　次：	2024 年 7 月第 1 次印刷
定　　价：	58.00 元

本社网址：edpbook.com.cn，微信公众号：经济日报出版社
未经许可，不得以任何方式复制或抄袭本书的部分或全部内容，**版权所有，侵权必究**。
本社法律顾问：北京天驰君泰律师事务所，张杰律师举报信箱：zhangjie@tiantailaw.com
举报电话：010-63567684
本书如有印装质量问题，请与本社总编室联系，联系电话：010-63567684

做党和人民信赖的合格新闻工作者

"做党的政策主张的传播者、时代风云的记录者、社会进步的推动者、公平正义的守望者。"这是习近平总书记在党的新闻舆论工作座谈会上,对广大新闻舆论工作者提出的明确要求和殷切期望。

经济日报创刊40年来,在风云激荡中引领思想,在众声喧哗中回应民意,忠实记录了中国改革开放波澜壮阔的光辉历程,见证了经济跨越、社会进步和国家富强,谱写出无愧于时代的华彩篇章。

与时代同步、与人民同行。40年来,经济日报涌现出一大批优秀的党的新闻工作者,他们不忘初心、牢记使命,坚持正确的政治方向、舆论导向、新闻志向和工作取向,在弘扬传统中持续深化改革创新,在改进报道中不断讲好中国故事。

人才是事业发展的根本保证,提升新闻传播力、引导力、影响力、公信力,离不开一支高素质的新闻人才队伍。多年来,经济日报社高度重视人才队伍建设,不断创新人才培养方式方法,持之以恒地为记者成长成才提供平台、创造空间。

近两年，我们为12名青年记者同时开设个人言论专栏，是一次成功的探索和尝试，这在中央党报乃至整个中国新闻界都是不多见的。我们遴选的这批记者拥有多年跑口经验，既具备研究素养，又有大众化传播才华，陆续开设《每周经济观察》《国际经济观察》《忠阳车评》《三农瞭望》《粮食大事》《市场监管》《香江观察》《财金视野》《科创之声》《房地产周评》《能源广角》《文体市场面面观》等12个固定评论专栏。这些专栏具有个人风格和专业特色，其针对社会现象和舆论热点的立场表达，是对编辑部文章、社论、评论员文章等重要评论的补充和延伸，满足了不同类型读者的阅读需求，对于放大主流观点、凸显经济特色起到了独特作用。

目前，经济日报已构建起由编辑部文章、评论员文章、一版"金观平"文章、12名青年记者个人专栏、时评版，以及"头条热评"等组成的评论传播矩阵，"评论立报"的格局初步形成，并与"调研兴报""理论强报""开门办报"一起，成为推动经济日报高质量发展的工作重点。

媒体融合发展时代，在新闻越来越难以实现"独家"的前提下，立论就是立报之本，要以权威观点、独到视角和理性分析获得优势、占据主导。实践证明，无论媒体生态如何变化，无论传播方式如何迭代，一篇有思想、有温度又兼具良好阅读体验的评论文章，一个集"颜值""言值"和"研值"于一体的评论专栏，其本身就是闪光、有力且自带流量的。

一批评论专栏能赢得受众、成为品牌，是与专栏记者的努力分不开的，是与同志们悉心培养、全力推动分不开的。

在我看来，尊重才华，尊重个性，给年轻同志开专栏，既是提高报纸质量的重要方式和有力举措，也是培养优秀新闻人才队伍的重要方法和有效途径。报社成就着记者，记者也在成就着报社，二者是共生共荣、一同成长的发展共同体。

总体看，12个个人专栏评论时效性强、热点抓得准，兼具了高度、深度和广度等特点，但也要看到，因为多种因素制约，这些专栏文章还存在不足。差距是潜力也是动力，青年记者要继续在实践中增强"四力"，既要掌握好信息的第一发布权，也要掌握好第一解释权，守好新闻舆论阵地，引导好社会预期。

以笔为犁千秋业，只在承前启后中。习近平总书记指出，"我们这一代人，继承了前人的事业，进行着今天的奋斗，更要开辟明天的道路"。在新时代新征程上，唯有踔厉奋发、笃行不怠，方能成为一名党和人民信赖的合格新闻工作者。

（作者系经济日报社社长兼总编辑）

目 录
Contents

"欢乐谷"们该向环球影城学什么 / 1

短视频版权问题"短视"不得 / 4

娱乐节目别"愚"乐 / 6

十万块大银幕如何产出大效益 / 8

要"长坡厚雪"更要别样风光 / 10

光靠"颜值"救不了实体书店 / 12

长视频当算长远账 / 15

虚拟人物也须内外兼修 / 17

打响冰雪运动自主品牌 / 20

跨年档为何如此火爆 / 23

挤干"注水剧"重在打破潜规则 / 25

旅游街区不能简单"抄作业" / 27

"IP 联名"不可滥用 / 29

新民乐出圈靠的是文化自信 / 32

国产电影在蜕变中成长 / 35

期待冰雪题材影视作品更精彩 / 37

谨防体育培训粗放式发展 / 40

大众旅游需要小众精品 / 42

影视基地应加快向电影工业化转型 / 44

文学影视联姻成就"爆款" / 47

乐见长短视频合作共赢 / 49

做好"赏花经济"下篇文章 / 52

打破网络电影"六分钟"怪圈 / 54

如何看音乐平台版权之争 / 56

电影市场不妨多些"小而美" / 58

《云南映象》能否蝶变归来 / 60

"网标"对网络影视意味着什么 / 62

红色经典靠什么圈住"年轻粉" / 64

筑牢童书安全防线 / 66

长视频平台盈利靠什么 / 68

直播《茶馆》旨在觅更多"知音" / 71

电影续集别丢了口碑 / 74

内容付费应提高质量"门槛" / 76

票房黑马靠的不是运气 / 78

飞盘与足球的场地之争有解吗 / 80

文旅项目切忌盲目加杠杆 / 83

电影市场需要什么样的科幻大片 / 85

职场综艺可发挥更大社会价值 / 88

理性看待影业"钱荒" / 91

"空档期"考验影院精细化运营能力 / 93

"3.5亿人在线观看"是良好开端 / 96

骑行运动怎样才能更"上道儿" / 98

体育品牌为何卖起了咖啡 / 100

乐见中国网络文学"走出去" / 103

给电影"餐桌"加点开胃小菜 / 105

抓住"在线观赛"市场机遇 / 107

动画版《三体》能否满足市场期待 / 109

虚拟健身何时走进百姓家 / 111

电影产业淡季不能甘于"躺平" / 114

把握观赛经济新商机 / 116

深挖潜力催热露营经济 / 118

微短剧靠什么赢得观众喜欢 / 120

创新应成电影产业主攻方向 / 123

运动品牌高端化须修炼"三力" / 126

文化市场快速回暖升温 / 128

新春"电影菜单"成色足 / 130

品品《中国奇谭》的味道 / 132

健身行业应摆脱信任危机 / 135

沉浸式娱乐成消费热点 / 137

音乐平台靠什么留住用户 / 140

演出市场开发不能一味求快 / 142

用文化力量挖掘优秀影视商业价值 / 144

国产体育品牌提升的关键在创新 / 146

水上运动乘风破浪正当时 / 148

以发展眼光看待露营经济 / 150

旅游专列拉近"诗与远方" / 152

沉浸式文旅别成了技术秀 / 154

网剧不能靠"迎合"突围 / 156

百亿元吸金力是如何练就的 / 158

AI 歌手如何走得更远 / 160

阶段性"减"助力电影市场更长远"增" / 162

莫让"黄牛"搅乱演艺市场 / 164

"两个效益"彰显文化企业使命担当 / 166

电竞业亟须实用复合型人才 / 168

乡村赛事要平衡好"商味"和"村味" / 170

炒热搜造不出真爆款 / 172

讲好时代的新故事 / 174

网文平台"诱饵式"收费不可持续 / 176

城市漫步能否再造"网红之城" / 178

"长安"靠什么长红 / 180

景区创收不能只靠门票 / 182

演唱会不能只算经济账 / 184

"茅奖"这座富矿值得影视业发掘 / 186

暑期档电影市场新变化 / 188

"盗播"赛事究竟伤了谁 / 191

"英超"加"村超"架起一座桥 / 193

保护民众出游热情 / 195

借办大赛红利促城市跃升 / 197

主题乐园开辟潮玩新赛道 / 199

文商旅融合发展潜力大 / 201

"味蕾游"如何回味无穷 / 204

短视频营销勿本末倒置 / 206

下一个科幻爆款在哪里 / 208

智慧旅游要力戒华而不实 / 210

坚决治理"套娃"收费乱象 / 212

巩固电影市场好势头 / 215

读懂年轻人上夜校的诉求 / 217

"二创"火爆引发版权保护新课题 / 220

贺岁档电影走出同质化 / 222

新港剧寻求更大舞台 / 224

智能电视创新要跟着需求走 / 226

最是温情暖人心 / 228

一部剧带火一条街 / 230

要在打造城市名片上下功夫 / 232

别把电影融资新路变成圈钱套路 / 235

"村晚"搭台经济唱戏 / 238

节日文化菜单更加丰富对味 / 241

节后电影市场能否持续火热 / 244

十年 IP 如何行之更远 / 247

微短剧发展后劲在哪里 / 250

香港影视业迎发展契机 / 253

AI 迈入视频时代影响几何 / 255

后　记 / 257

"欢乐谷"们该向环球影城学什么

"十一"黄金周过去了,但北京环球影城的热度还在升温。"园区一票难求""爆款项目平均排队1小时以上""人均消费或超3000元"等话题频上微博热搜;率先体验的游客纷纷晒照片、分享游玩攻略,选择错峰游园的人们跃跃欲试,计划着下个周末的行程。在对环球影城的热烈关注中,也有人流露出对欢乐谷等本土主题公园的担忧:面对洋品牌冲击,欢乐谷们还能乐得起来吗?

本土主题公园的经营状况怎样?先来看一组数据。以华侨城为例,"十一"假期,集团旗下包括"欢乐谷"在内的各景区、旅游企业共接待游客670余万人次,恢复至疫情前同期100%以上水平。如果从数据来看,本土主题公园的生存状况还是乐观的。但是,面对越来越多的资本和企业布局主题公园,包括国际高端游乐品牌的入局,本土主题公园面临的挑战依然很大。在文化主题打造、经营管理等方面,"顶流明星"环球影城的身上确实有不少值得学习和借鉴之处。

首先要学文化课。要学文化课并不是说本土主题公园缺少文化内容。恰恰相反,华侨城十分重视本土文化的挖掘。近年来,欢乐谷刮起国潮艺术风,通过民乐复兴潮、魔术魅力秀、红歌快闪等精品演艺,用现代高科技赋能中国优秀传统文化的形式来提升园区的文化魅力。但是，如何把这种文化影响力转化为具有经济价值的IP，如何从单一门票经济向综合产业经济转变，本土主题公园还有很长的路要走。北京环球影城中一个热门景区"功夫熊猫盖世之地"，就是根据一部电影所产生的超级IP设计的。功夫是中国的，熊猫也是中国的，但是功夫熊猫就成了美国的。它不仅为园区带来巨大流量，还通过不断跨界融合、创新IP营销方式，成为主题公园中的"捞金王"。本土主题公园如何树立自己的高附加值品牌化IP？如何通过IP影响力不断丰富自身的盈利模式？这一课必须要学。

其次要学服务课。学服务说到底还是学文化，因为服务的本质是人与人之间的文化沟通、价值确认、情感互动。服务是企业之本，而文化是服务之根、服务之魂，是服务的最高境界。走进环球影城，游客会被工作人员充满激情的"问好"感染，热情饱满的服务是对"欢乐"最好的诠释和表达。相比之下，一些本土主题公园的服务浮于表面，缺失服务精神和服务意识。如何培育符合中国风土人情的服务体系，是本土主题公园从业者需要思考的问题。

最后要学长线思维。过去，本土主题公园走过不少弯路。近十年涌现的主题公园中，已倒闭的约占80%。这背后的一个主要原因就是很多企业习惯了赚快钱，借助IP去拿地、拿政策、拿补贴，却不去钻研经营之道。一个大型主题公园相当于一个大型经济发动机，能带动城市交通、住宿、餐饮等多方面发展，成为地方政府推动经济增长的杠杆。但主题公园的内核是文化产业，没有"诗和远方"的情怀，没有对文化内容的坚守，是不可能走远的。

随着我国人均可支配收入稳步增长，旅游消费市场的潜力巨大。我们要坚定文化自信，用文化创意赋能旅游产业创新转型。93岁的米老鼠有历史，上下五千年的中华文化更有历史。我们相信，在传统文化的泥土里寻找根基，在时尚潮流的元素中呈现创意，从不同文明中寻求智慧，在不远的将来，本土主题公园一定也能够诞生出像环球影城一样的世界级文化旅游目的地。

（刊发于2021年10月24日综合版）

短视频版权问题"短视"不得

近一段时间，电影《长津湖》热映，短视频侵权现象又有所抬头。在一些短视频平台上，部分公众账号生产运营者无视版权规则，对影视作品任意剪辑、传播等，引发影视行业强烈不满。短视频领域侵权界定难、追责难等问题一直是行业顽疾。近年来，随着国家相关法律法规逐步完善、监管部门打击侵权力度持续加大、全社会版权意识逐渐提高，侵权行为越来越难有生存空间。行业已经深刻认识到，影视版权规范化是大势所趋，影视类短视频创作应树立版权意识。只有加强自律，不断规范自己，才能对行业长远发展负责。

保护版权，平台应该主动作为。一方面，加大对正版内容和原创内容的采购和生产力度，努力实现规范化、正版化的运营模式；另一方面，运用先进技术手段，做到主动审核，积极履行平台主体责任和通知删除义务。技术缺陷不能成为监管缺位的借口。过去，很多平台声称短视频用户规模大、技术更迭快，给监管带来较大困难。随着区块链、人工智能等先进技术的应用，对于明显侵权行为，平台将有可能做到及时制止，精准打击。以抖音为代表的短视频平台正加大这方面的技术投入，今年上半年，抖音通过日常巡查与举报接诉，共回扫109.7万条短视频侵权线索，处理总数近75万条。

创作者也应该对自己的作品负责。短视频平台鼓励自由创作，市场也欢迎形式多样、充满创意的短视频作品。但是，自由的创作环境也需要规则意识引领。无论是言论自由、批评自由还是创作自由，前提都是在法律框架之内。当个人的创作触碰法律、违反公德良俗，妨碍他人利益时，必将受到限制。面对高速发展的短视频行业，相关法律规范、行业细则正在加快脚步跟进。投机分子试图走监管的"边界线"，打法律的"擦边球"，以种种隐蔽手段"迂回作战"的老套路，不仅得不到平台庇护，而且不可能得到社会认可。

小屏幕和大银幕所在赛道不同，表现形式不同，本应是融合互补的关系。短视频靠短小精悍的内容迅速抓住观众的注意力，大银幕凭借震撼的视听效果为观众营造沉浸式观影体验。能否促使二者互相配合、优势互补，考验的是主管部门的智慧。应该看到，版权保护，不仅在于保护原创，还要鼓励作品的二次传播。监管部门在执法中也要考虑短视频行业正常发展需求，对合理使用素材的部分保留必要的空间，而不是简单的"一刀切"。好消息是，近日北京市文化市场综合执法总队正准备牵头成立首都互联网企业保护知识产权联盟，首批成员将包括抖音、爱奇艺、优酷、快手、百度等行业领军企业。希望联盟能够以这5家标杆企业为起点，不断发展壮大，不断丰富构建可持续的版权生态。期待短视频行业与影视行业加强战略合作，让优秀的影视作品得到更好的传播，共同促进文化市场繁荣发展。

（刊发于2021年10月31日综合版）

娱乐节目别"愚"乐

最近，综艺节目《快乐大本营》因升级改版上了热搜。近几年，这档老牌综艺娱乐节目逐渐沦落到"无底线审丑"，过度追逐流量明星，崇洋媚外等行为让观众大呼"吃不消""雷不起"，改版目的正是为了打造主题积极健康、价值导向鲜明、老百姓更加喜闻乐见的精品综艺节目。

电视综艺节目过度娱乐化，已经引起主管部门关注。近日，中共中央宣传部、国家广电总局就卫视节目存在的过度娱乐化问题，约谈了上海、江苏、浙江、湖南四家广播电视台，要求四省市广播电视台深入开展文娱领域综合治理工作，坚决整改过度娱乐化、追星炒星等问题。这是今年针对文娱领域开展"清朗行动"的加强版。"快乐"升级很必要，也很及时。

把娱乐当"愚"乐的节目早已引起反感。很多观众纷纷吐槽："没有快乐，只有尴尬""无聊低幼，透支情怀，早该改改了"……通俗不是低俗、庸俗、媚俗，如果节目一味用畸形审美、低俗表演这一套取悦观众，注定要被观众抛弃。

文娱领域诸多乱象，其源头是资本无序扩张。为拉到广告商的节目赞助，电视台不得不比拼"全明星阵容"以提高收视率，这就助推节目制作成本水涨船高，从而使电视台对资本方更加依赖。在资本方的利益诉求之下，电视台逐渐丧失了对于节目内容导向的掌控。

随着网络视听平台高速发展，广播电视机构面临前所未有的压力和挑战，如广告经营收入下滑、市场竞争力下降、人才流失严重等。正因如此，广播电视机构才不能一味依赖流量，而要真正拿出质量过硬的内容吸引观众。电视台与网络视听平台应共建内容生态，让内容产业创造更多价值。

这两年，网络视听平台也在转变思路，在守正创新中拓宽综艺节目的发展空间。譬如，爱奇艺尝试"综艺+文旅"的形式，精心策划《登场了！洛阳》，在年轻人群中产生了很大影响力，也带动了洛阳的文旅资源和文创产业。芒果TV出品的综艺节目《初入职场的我们》聚焦真实职场问题，关照社会现象，解决社会问题，给青年人提供了职场攻略，也为观众带来更丰富的情感体验。传统广电行业理应加速转型升级、创新发展，跟上时代脚步。

文艺是时代前进的号角。作为吹号人，始终要把社会责任放在首位，用向上向善的价值观引领时代风气，用更多接地气、有人气、有温度的作品满足人民对美好生活的新期待。

（刊发于2021年11月7日综合版）

十万块大银幕如何产出大效益

大银幕是电影艺术的独特魅力所在。近年来，我国银幕数快速增长，到今年9月底已突破8万块，稳居全球第一。国家电影局近日发布的《"十四五"中国电影发展规划》明确提出，到2025年银幕总数将超过10万块。也就是说，未来五年，还要继续建设2万块大银幕。

银幕、票房和产量是支撑电影市场的三驾马车。受疫情影响，电影票房下跌，进口影片缺席，有人担心，此时让"银幕"这匹马继续加速，电影市场发展会不会失去平衡？另外，近年来，我国人均观影次数和观影人次的增速明显滞后于银幕增速，继续扩建银幕是否存在供过于求的风险？

这种分析有一定道理，不过以长周期和全局视角来审视，电影市场现阶段面临的困难是暂时的。从长远来看，电影市场仍有巨大发展潜力。一方面，参照北美模式，电影市场规模约等于票房规模的3倍，从这一指标来看，我国银幕数量还有增长空间；另一方面，10万块银幕对应的是中国庞大的人口基数。以北美电影市场4.4万块银幕对应3.7亿人口的比例来看，中国的银幕总量还有增长空间。但是，增加银幕并非单纯追求数量增长，只有一边做增量，一边提质量，不断促进院线分布更加合理，才能让未来的10万块大银幕发挥出最大效益。

银幕增量主要来自下沉市场。近年来，"人数多、有时间、敢花钱"的"小镇青年"已经成为消费市场的主力军。随着城镇居民人均可支配收入增高，他们的消费意愿可能会更加强烈。但当前不少城镇仍面临影院少、上新片速度慢的"娱乐荒"。为满足城镇居民日益增长的文化消费需求，未来电影市场的银幕增量应重点放在三四线城市。不过，银幕下沉也要合理规划，不可一拍脑袋盲目扩建。新增银幕要充分考虑周边商业发展水平，做好消费群体调查，才能确保新增银幕得到充分利用，发挥应有效益。

对一线城市来说，下一阶段银幕建设重点要在"提质"上做文章。近年来，我国大力扶持科幻电影创作生产，鼓励运用先进技术讲好中国故事。随着更多制作精良的电影精品诞生，影院亟须建设科技含量更高的大银幕与之匹配。据IMAX中国的数据，今年"十一"黄金周期间，全国票房排名前20的内地影院中，有18家是IMAX影院。这说明，高质量银幕不是噱头，观众愿意为更加身临其境的观影体验埋单。今年，国产电影放映纳幕系统获得了行业首张认证证书，国产银幕科技含量不断提高，放映技术不断提升，必将带动电影市场银幕建设实现从量到质的蜕变。

影院终端的持续健康发展离不开创作端的有力供给。《你好，李焕英》《长津湖》等影片一次又一次证明，好内容一定会有好市场。让10万块大银幕产出大效益，关键要给电影创作这个"火车头"加把劲。只有好影片源源不断地呈现于大银幕，观众才愿意走进影院，电影票房才会蒸蒸日上。

（刊发于2021年11月21日综合版）

要"长坡厚雪"更要别样风光

借冬奥之风，我国滑雪产业迎来难得发展机遇。随着"带动3亿人参与冰雪运动"向纵深推进，滑雪场遍地开花，呈现一派火热的建设场面。日前，文化和旅游部、国家体育总局决定开展国家级滑雪旅游度假地认定工作。打造国家级滑雪旅游项目，有利于提高滑雪消费供给能力和质量，也为争相上马的项目指明了方向：大力发展滑雪产业，就要通过独具匠心的规划让冰雪与文旅巧妙融合。为吸引滑雪爱好者，不仅要有长坡厚雪的硬件环境，更要提供别具一格的旅行体验。

让冰雪与文旅融合，首先要深入研究市场需求。近年来，随着消费升级，体旅融合发展，滑雪运动正从单一的体验游向高层次的运动休闲度假升级。对于东三省来说，得天独厚的自然环境是其发展滑雪产业的先天条件。但是，如果不进行系统规划，就容易出现盲目跟进、无序建设、大而不强等问题。因此，发展滑雪产业不能只是寄希望于先天优势，还要研究市场需求，寻求差异化发展。譬如，随着人们养生意识的提高，康养度假游热度飙升。吉林省吉林市不仅拥有得天独厚的雪资源和山地落差，还有长白山独特的富含多种矿物质的温泉水。吉林北大湖滑雪度假区把滑雪运动与康养度假相结合，通过雾凇奇观、滑雪天堂、温泉盛景打造滑雪运动的独特魅力。这说明，找准独特定位是避免滑雪项目同质化竞争的有效途径。

除了让自然优势得以更好发挥，还要大力挖掘传统冰雪地区的历史文化内涵。新疆阿勒泰的冰雪文化源远流长，这里的滑雪项目不只是竞技项目，还以原汁原味的文化旅游吸引游客。近年来，阿勒泰开发古老毛皮滑雪板、独木滑雪杖、敦德布拉克滑雪狩猎画等文化体验项目，这种独特性是其他地区难以复制的。通过文旅融合发展，才能让文化更富活力，冰雪更富魅力。

已经建成的滑雪项目还需要深度开发。夜幕降临，华灯初上，脚下是皑皑白雪，头上是点点星光，这时候从雪坡飞驰而下，感受风驰电掣的速度与激情，别有一番风味。近年来，很多雪场开始掘金"夜经济"。"夜滑"兴起不仅满足了上班族的滑雪需求，也成为拉动雪场消费的一大助力。下一步，开发"夜滑"的地区还要在配套服务上做足文章，譬如增加夜间餐饮配置，优化住宿服务，保障夜间活动的安全性等，只有以丰富的想象力全方位提升冰雪旅游的服务品质，才能为冰雪文旅扩容提质打开一片新天地。

壮大滑雪产业，既要立足本土，更要放眼世界。加拿大温哥华、丹麦哥本哈根等城市都是通过发展冰雪旅游、冰雪运动带动区域经济发展，提升区域乃至国家在世界的知名度和美誉度。我国也应充分借鉴国外经验，加强国家对滑雪产业的顶层设计和综合规划，力争打造多个代表国家形象的区域滑雪品牌。期待国家级滑雪旅游度假地认定工作的开展能促进我国滑雪运动与文化旅游碰撞出绚丽的火花。在文旅魅力的加持下，让我国滑雪场在世界版图中呈现姿态万千、引人入胜的别样风光。

（刊发于2021年11月28日综合版）

光靠"颜值"救不了实体书店

近日,"网红"书店言几又因深陷"关店潮"再次受到关注。在关停北京、成都、西安的部分门店后,言几又又相继关闭了深圳、广州的多家门店。战略调整中的言几又或许已认识到:光靠"颜值"救不了实体书店,"网红"书店不能仅仅停留在吸引消费者前来拍照"打卡"的阶段,还得真正找到可持续的盈利模式。

言几又的名称源于繁体字"設"的拆解,其最初理念是把书店当作艺术的载体,而不仅仅是卖书的地方。走"网红"路线的言几又一度在资本市场很受青睐,曾在4年内融资近2亿元,还计划在全国新增超过100家门店。遗憾的是,言几又在扩张期没有扎实搞好管理和经营,一直没有明显的利润来源,渐渐让一些资本方失去了耐心。关店是无奈之举,也是必要之举。但从另一个角度来说,资本的冷静对于实体书店未必不是好事。资本退潮有利于行业更加理性,在没有找到清晰盈利模式之前,"网红"书店的确不宜再搞盲目扩张。

前些年,言几又急剧扩张也是因为尝到了政策甜头。随着《关于支持实体书店发展的指导意见》出台,一系列鼓励创新、支持发展的政策措施对实体书店是重大利好。各地政府也相继出台了对实体书店的扶持政策,多座城市宣布年度新增数百家乃至上千家的书店扶植计划。但是，落实政策也要因地制宜，悉心研判本地实体书店的发展情况，根据本地区群众的需求精准扶持。譬如，有些城市已经拥有足够多的大型连锁书店，更需要中小书店深入社区，构建"小而美"的文艺空间，重点挖掘细分市场潜力。上海在这方面做得不错，不仅有诗歌书店，还正在酝酿戏剧书店、学术性二手书店等项目。下一步，各地扶持政策和资金应向推动书店特色化、精品化、专业化方向转变，这才是扶持"言几又们"的切实之举。

言几又在多家闭店公告中都提到，闭店与商场租约到期有关。其之所以热衷入驻商场，是由于商场看好实体书店的引流效应，在招商中对言几又让了利。随着协同消费时代到来，消费者来到书店阅读，就可能继续在商场用餐或进行其他消费。因此，各地购物中心给予书店的租金价格普遍为商业业态的50%，甚至更低。然而，这一"特殊待遇"仅限于入驻商场初期，让书店觉得不够"解渴"。既然"网红"书店能聚集人气，商场或许应考虑通过多种途径继续让利实体书店。实体书店为商圈增色，商圈繁荣带动实体书店发展，如此才能实现双赢。

这些年在电商、移动互联网等冲击下，实体书店的生意确实不好做。尽管如此，一些书店仍未放弃梦想，除了品种丰富的图书，还卖香浓的咖啡、新颖的文创产品，通过举办文化沙龙、作者见面会等活动留住读者。言几又在这方面的探索可圈可点，经营理念值得肯定。书店可以成为城市"文化会客厅"，运营好"文化会客厅"就需要从过去以图书商品为中心的经营模式转变为以人为中心的经营模式，为读者提供更有价值的服务。实体书店只有不断研究消费者需求，不断创新，才是发展之道。

实体书店承载着人们的情怀与梦想，城市发展也应为实体书店

文体市场面面观

留下一席之地。一份行业报告显示，2020年有4000多家实体书店新开张，也有1500多家书店停业，全国净新增书店达2400多家。实体书店行业正在优胜劣汰中寻找自己新的方向，希望能从"最美"走向"最久"，让城市里氤氲阵阵书香。

（刊发于2021年12月5日综合版）

长视频当算长远账

近日，爱奇艺被曝大规模裁员的消息引发热议。财报显示，爱奇艺今年前三季度净亏损44亿元。舆论对事件的关注还在于，爱奇艺的经营困境并不是孤立事件。数据显示，国内长视频头部平台"爱优腾"（爱奇艺、优酷、腾讯视频）在10年间已经烧光1000多亿元人民币，但目前为止依然看不到盈利预期。靠"输血"过日子不是长久之计，长视频平台该如何突围引发业界一番讨论。

很多用户不理解，会员费也交了，广告没少看，为何"爱优腾"还连年亏损？不妨来算笔账：一方面，花销大。一直以来，几大长视频平台的流量争夺战主要依赖高投入下的"买买买"，不断引进国内外影视作品版权。以爱奇艺为例，公司第三季度财报显示，营业成本为70.28亿元，其中内容成本达53亿元，占总收入的69.8%。另一方面，盈利难。会员服务和在线广告是长视频平台的主要营收来源，但随着互联网流量红利见顶，长视频平台的拉新成本越来越高。不仅如此，长视频还要面对短视频的冲击。《2021年中国网络视听发展研究报告》显示，短视频人均单日使用时长逐年递增，2021年达到125分钟。而长视频的人均单日使用时长呈下滑趋势，最新数据是98分钟。短视频不仅抢占了用户的娱乐时间，还争夺了广告份额。

文体市场面面观

内忧外患下，长视频要生存下去迫切需要"回血"。但如果只盯着眼前得失，急功近利，恐怕只会适得其反。曾经，某些长视频平台的超前点播政策虽然带来了短期经济效益，但也引起大量用户反感。前不久，个别长视频平台的选秀节目因价值导向出现问题被责令暂停，教训也较为深刻。

纵观世界，能够盈利的长视频平台奈飞（Netflix），凭借"出品即精品"的口碑赢得大量用户的赞许。再看国内，芒果TV依靠优秀制作团队和创新能力，源源不断产出爆款自制内容，成为国内首个盈利的长视频平台。"爱优腾"应明白，突围没有捷径可走，无论是会员服务、广告投放还是其他拓展业务，核心都是围绕优质内容做文章。

还要看到，视频行业高度依赖资金、创意和人才，本身就是个烧钱的行业。长视频平台当算长远账，以"十年磨一剑"的战略定力布局更长远的未来。

用户对优质长视频的需求不会改变，经历阵痛的长视频行业迫切需要壮士断腕，聚焦主业。希望长视频能坚持深耕优质内容，用更多精品爆款筑牢自己的品牌护城河。随着我国版权保护机制日益完善，国民付费习惯养成，长视频平台的未来必将大有可为。

（刊发于2021年12月12日综合版）

虚拟人物也须内外兼修

最近，江苏卫视热播的国产原创动漫形象舞台竞技节目《2060》再次引发人们对虚拟人物的关注。一段时间以来，得益于技术的发展和元宇宙概念的加持，虚拟人物展现出勃勃生机。特别是在泛娱乐场景下，一些虚拟人物正在打破特定圈层走进大众视野。

从登上2021年央视春晚舞台的虚拟歌手"洛天依"，到前不久入驻抖音的虚拟"网红""柳夜熙"，他们有的开演唱会，有的直播带货，有的成为品牌代言人，活跃在各大商业领域——不仅吸粉，更会吸金。一项研究数据显示，当前虚拟数字人市场规模已超2000亿元。

在商业利益驱动下，越来越多的企业和资本纷纷尝试打造虚拟人物。不过，行业在发展中也暴露出低质量、同质化等问题。虚拟人物须内外兼修。只有为虚拟人物注入独特的文化内涵，才能赋予他们强大的生命力。

虚拟人物不只是技术的产物，更是文化的产物。文化创新不能离开其所生成的深厚民族文化土壤。在《2060》节目里，虚拟人物"孟姜"虽然带着国人熟知的故事与文化登场，但是蓝色的眼睛、灰白色的头发却受到观众质疑，被认为存在较为明显的模仿痕迹。我国虚拟人物形象起步阶段在一定程度上受日美动漫风格的影响，随着深入发展，已经逐渐形成自己独特的风格，表现出中国人的审美追求。在打造虚拟人物时，需要坚定文化自信，从国粹中汲取灵感与创意。从这个角度看，在抖音上一夜爆红的"柳夜熙"称得上国风之美的代言人。无论是古风汉服的造型还是立足本土文化的故事情节，都充分诠释了中国传统文化的魅力。

虚拟人物不仅要美丽，更要独特。在一些作品中，个别虚拟人物造型雷同，缺乏特色，甚至出现"撞脸"的情况，引发网友吐槽。这些问题反映出国产动漫想象力的匮乏，也在一定程度上说明加强原创内容的重要性。成功的形象一旦产生很容易被复制，互相抄袭模仿最终将破坏整个行业的生态。因此，打造虚拟人物一定要坚守原创意识，通过独特的外形、鲜明的人设、精彩的故事，让虚拟人物走出属于自己的成名之路。

虚拟人物的商业化，必须有正确的价值观。虚拟人物虽然是"虚"的，但也要与真人偶像一样承担公众人物的社会责任。虚拟人物走红后，要面临来自"粉丝"、公众以及法律的现实约束。对于运营者而言，需要认识虚拟偶像价值背后的风险，只有尊重国家政策、公序良俗，在与"粉丝"的良性互动中构建深度情感连接，才能让虚拟偶像永不"崩塌"。

虚拟人物还有很多想象空间，也需要更多时间去完善。《广播电视和网络视听"十四五"发展规划》提出："积极推动运用大数据、人工智能、VR/AR等技术，深耕内容制作；推出更多具有中国特色的原创节目，打造更多品牌；推动虚拟主播、动画手语广泛应用于新闻播报、天气预报、综艺科教等节目……"在一系列政策引导下，虚拟人物将迎来发展机遇期。我们期待，虚拟人物及其相关产业，发展得越来越好。我们也期待，虚拟人物中涌现出更多"明星"，让他们讲好中国故事，向社会传播更多正能量。

（刊发于 2021 年 12 月 19 日综合版）

打响冰雪运动自主品牌

随着冬奥会临近，我国冰雪产业迎来黄金机遇期。日前，国家市场监督管理总局、国家标准化管理委员会批准发布了16项冰雪运动用品推荐性国家标准，填补了国内冰雪运动用品标准空白。此举将有利于规范和促进我国冰雪运动用品产业的自主发展，进一步培育和宣传民族品牌，提高国产冰雪运动用品的国际竞争力。

与国外成熟先进的冰雪运动用品产业相比，国内这一产业尚处于起步阶段，缺少自主知识产权的积累，也缺乏品牌化产品的支撑。以滑雪市场为例，雪板、雪鞋、雪杖等关键装备的市场几乎都被国外品牌抢占，包括国家队在内的专业团队也主要依靠进口品牌。

培育自主品牌具有重要战略意义，这既是企业赢得市场、长远发展的必然要求，也关乎国家形象塑造和文化软实力提升。在冰雪运动产品尤其是冰雪装备领域，要打破国外品牌长期垄断，中国企业有必要加快自主创新步伐，拿出具有核心竞争力的产品，抓住北京冬奥会这个重大历史机遇。

培育自主品牌要坚持科技创新。当前，我国大部分冰雪运动用品产业企业由于缺乏核心技术，生产模式还局限于为外商加工和贴牌生产，竞争力明显不足。申办冬奥以来，相关部门携手企业攻坚克难，不断加大研发力度，基本改变了我国大中型冰雪装备依赖国外进口的状况。比如，中国一汽与航天科技跨界合作，联手实现了国产雪车"零"的突破。下一步，企业还可以继续加强材料学、运动人体科学等基础科学研究，通过原创性技术和核心技术的研发，不断打造品牌核心竞争力。

培育自主品牌要坚持质量为本。放眼世界，国外著名冰雪运动装备都拥有严格的质量标准。而我国冰雪运动装备在产品质量标准方面一直处于空白。缺少国家质量标准，难免会发生"劣币驱逐良币"现象。令人欣喜的是，国家已经出手解决相关问题。此次发布的16项冰雪运动用品推荐性国家标准对相关产品的舒适性、安全性及绿色环保的规范性都提出了明确要求，为促进相关企业实现高质量发展起到推动作用。随着更多冰雪运动用品国家标准出台，将有力促进冰雪运动用品产业强筋壮骨。随着产品质量的提升，相关运动全民推广将获得更坚实基础，产业也将迎来可持续发展。

培育自主品牌要坚持久久为功。当前，中国冰雪市场尚处于初级阶段，市场体量小，从业人员少，沉下心做品牌要承受不小压力。与此同时，国外冰雪产业成熟的市场和较长的发展历史已经形成了很多著名品牌，直面竞争尤为不易。而不易之中的坚守也是品牌在超越自我、完善自我的过程中更加厚重的契机。创建于20世纪五六十年代的黑龙冰刀曾经代表了当时中国冰刀鞋设计制造的最高水准，企业在最艰难的时期也不甘成为代工厂，而是通过自主创新闯出了一条新路。如今，手握17项专利技术的黑龙冰刀已经滑向了世界，成功打开国际市场，向世界证明了中国企业的视野和眼光。

当前，无论是政策环境还是市场环境，都给予我国冰雪企业乘势而上的发展机遇。期待更多自主品牌挑起大梁,乘冬奥之风,让中国冰雪运动品牌扬帆远航。

(刊发于 2021 年 12 月 26 日综合版)

跨年档为何如此火爆

去电影院跨年已成元旦假期新潮流。据灯塔专业版数据显示，2021—2022跨年场（1月1日零点结束场次）电影从2021年12月9日开始预售，截至2021年12月27日上午10点，历时18天，观影购票突破100万总人次。截至2021年12月31日20时22分，2021—2022跨年场观影总票房突破1亿元，与影片相关的多个话题登上热搜，有映后彩蛋的特殊场次出现了一票难求的场面。

跨年档为什么如此火爆？一方面，当归因于电影市场营销手段的成功。"跨年"作为超强IP，自带强大流量。电影片方和营销团队敏锐地发现新一代消费者热衷于追寻生活仪式感，用去电影院观影的仪式感与跨年氛围相匹配，这造就了跨年档的火爆。这种绑定节日商机、贴近观众情感诉求的营销方式推动了跨年档影片票房走高，也增加了影片曝光度、知名度。

另一方面，得益于档期电影题材的丰富。以往跨年营销主要针对年轻群体，影片也主打爱情牌，单片营销虽很成功，但影片题材过于单一。在观影人群多元化的当下，电影市场不仅要迎合年轻人的口味，也需满足不同群体的观影需求。在2021—2022跨年档，《以年为单位的恋爱》《穿过寒冬拥抱你》《反贪风暴5：最终章》等都有各自的观影人群。值得一提的是，《穿过寒冬拥抱你》以大时代为背景诠释疫情下的人间真情，给寒冬增添了一抹暖色。《反贪风暴5：最终章》引来一波"回忆杀"，特别是"最终章"三个字带着恋恋不舍的意味，在岁末年终观看也很应景。

跨年档的火爆，说明选好档期是电影票房成功的关键。中国电影家协会、灯塔研究院、灯塔专业版联合发布的"后疫情时代"电影档期策略研究报告显示，电影市场档期集中效应不断加剧，在重点档期上映的影片，从数量、评分到票房等各方面，都和非重点档期影片拉开较大差距。因此，经营好档期对于电影市场发展至关重要。

对比春节档、国庆档等屡现爆款的强势档期，跨年档在电影市场还是一位"新人"，走向成熟还须磨炼积累。下一步，片方和宣发决策者要充分了解影片特质与核心受众，挖掘观众需求，加强创新策划，用更丰富的题材烘托跨年氛围。此外，档期策划还可以有更多可能。除传统节日外，时令季节、长假复工后的真空期、由数字谐音产生的新节日等，都可为影片定档和发行找到更大市场空间。

跨年档开门红是个好彩头，关乎人们在新的一年对电影市场的信心和期待。应该看到，观众对电影的核心诉求依然是内容本身，影片营销只能起到锦上添花的作用，要冲破档期局限，发挥长尾效应，最终还应坚守"内容为王"的市场规律。新的一年，从跨年档开始，期待电影市场实现一次大"跨"越，用更多更好的影片激发人民群众的观影热情持续高涨。

（刊发于2022年1月2日综合版）

挤干"注水剧"重在打破潜规则

"剧情不够,重播来凑""以前是在广告里看电视剧,现在是在电视剧里看重播"……在新剧集开始前大篇幅重复上集内容,已成电视剧行业广受诟病的"新注水现象"。近日,国家广播电视总局发文明确提出,"电视剧每集结尾画面与下一集的开始画面如有重复内容,时长不得超过30秒",堪称"对症下药"。

电视剧行业"注水"现象存在已久,已引起主管部门关注。屡屡施策为什么还是挤不掉水分呢?其中的深层原因值得反思。

与电影直接面向观众不同,电视剧在上映前要将版权卖给专业的视频平台、电视台。在"按集计价"的交易模式下,集数越多,广告承载空间越大,电视剧制作单位的收入就越高。因此,在不用增加成本的情况下,用疯狂闪回、放慢语速、配角加戏等手段拉长剧集成了行业"潜规则"。

同时,收视率造假也是一种行业"潜规则"。电视台用高收视率获得了数量更多、费用更高的广告;制作方能够更快地拿到电视台的回款;广告主则可以拿着高收视率交差……这门"共赢"的生意或许导致电视剧行业积弊难除。

花钱营销造的"水评"无异于另一种"数据造假"。在电视剧播放期间,制片方买通社交平台的营销号冲数据,再发动"粉丝"为

文体市场面面观

流量明星刷弹幕、冲热搜，并对阅读量、转赞人数等设定指标……电视剧成功出圈后，利益方自然赚得盆满钵满。但是，流量不等于精品，"水评"不代表水准。粗制滥造终将导致行业恶性竞争，劣币驱逐良币，难以真正形成口碑与商业的良性循环。

可见，挤干"注水剧"重在打破潜规则。一方面，电视台按集计价的交易模式有待改进完善。在这方面，国内长视频平台剧场化商业模式已经做出有益探索，其把剧场当作整体开展广告招商和拓展新会员，大大促进了网剧由量到质的飞跃。另一方面，国产剧质量评价系统有待进一步升级。要建立多元、专业、科学评价体系，让观众满意度成为"指挥棒"。在影视产业发达国家，观众反响甚至可以决定一部电视剧的"生命周期"，这种观众至上的理念值得我们学习和借鉴。

从长远看，挤干"注水剧"还须多个环节共同发力。电视台和视频平台要树立品牌意识，用优秀剧目擦亮"金字招牌"；生产主体要怀敬畏之心，以粗制滥造为耻；同时，主管部门也须深入整治收视率造假、天价片酬等问题，共同促进电视剧产业高质量发展。

（刊发于2022年1月9日综合版）

旅游街区不能简单"抄作业"

近日，首批国家级旅游休闲街区名单正式公布，引发不少网友热议。很多人为自己的家乡或者曾经去过的地方上榜感到亲切和骄傲，但也有人到国内一些商业街区打卡后发现，这些街区从规划到设计千街一面，不仅毫无特色可言，更缺乏城市人文底蕴，非但不能展示城市的活力，反而成为城市形象的"减分项"。

千街一面现象根源在于缺乏鲜明的地域特色。一些城市将打造旅游休闲街区当成政绩工程、面子工程，不求深入挖掘，也不精心策划，只会"抄作业"式照搬某些著名街区的成功模式，形似而神不似；还有一些城市开发思路过于单一，将旅游休闲街区等同于仿古街和小吃、纪念品一条街。泛滥的旅游休闲街区不仅让慕名而来的游客败兴而归，还破坏了城市原本的文化风貌。

造成千街一面问题的原因，还在于商贸形态过于单一。一些旅游街区售卖的小商品被游客频频吐槽：全国一个样，基本都是"义乌制造"。别看街区地处天南海北，街景形态各异，但只要看到这些雷同的小商品，总给人一种"出戏"的感觉，让游览体验大打折扣。

其实，旅游街区可以成为当地非物质文化遗产和老字号的展示平台。经营者不妨主动挖掘、激活埋没在民间的传统民俗、手工技艺，在招商中重点考虑与当地特色产业相结合的项目。在成都锦里，

文体市场面面观

游客们可以一边品尝"张飞牛肉",一边观看川剧表演,得到物质与精神的双重享受。在文旅融合趋势下,当用文化为旅游"点睛"。

旅游休闲街区不仅是商贸景观,更是文化景观。提起古都南京秦淮河畔的夫子庙步行街,游客一定会想到秦淮灯会、科举博物馆等地标,对当地历史文化的传承构成了夫子庙步行街吸引八方来客的独特魅力。文化可以是传统的,也可以是现代的。北京三里屯太古里建筑设计灵感来自老北京的四合院,如今已成为北京最"潮"商圈、年轻人的聚会地点……无论哪一种发展模式都需要清晰的定位,才能各美其美,让街区拥有持久生命力。

旅游休闲街区不仅是给外地人逛的,更是本地人生活的栖息地。如果仅瞄准外地游客,就会慢慢落后于城市消费升级和商业发展进程。广州永庆坊通过"修旧如旧、建新如故"的改造,不仅还原了粤韵十足的建筑,更延续了祖辈生活方式,古韵与时尚、生活与商业相得益彰。街区要"见人、见物、见生活",才能真正成为城市发展的活力因子。

此次公布首批国家级旅游休闲街区,对于下一步发展城市旅游休闲、推动文旅融合发展是一次重要机遇。"国家级"称号不是"一次颁发终身悬挂",同样要用不断创新的经营理念和更好的服务品质,维持街区美誉度,增强街区含金量。纵观古今中外,著名街区不仅可以带动一方商业繁荣,更成为展现城市文化的重要窗口。从这个意义上说,街区的设计者、城市管理者都应该认真思考怎样才能为城市留下永久而独特的文化记忆。

(刊发于2022年1月15日综合版)

"IP 联名"不可滥用

最近,肯德基和泡泡玛特联名的盲盒套餐因涉嫌造成食物浪费受到舆论和监管的关注。还有泡泡玛特资深玩家反馈,这款与肯德基联名的玩偶做工粗糙,远不及泡泡玛特实体店的工艺水平,并不值得花费太多精力去跟风收集。

"IP 联名"的玩法在零售业早已屡见不鲜。IP 可以理解为所有成名文创(文学、影视、动漫、博物馆、老字号等)的统称。与知名"IP 联名"已经成为很多品牌热衷的营销方式。IP 联名为什么火爆?一来,相比广告投放,IP 自带流量,品牌捆绑 IP,可以低成本,增加品牌曝光度;二来,IP 的背后拥有庞大的"粉丝"群体,绑定 IP 就相当于收割了"粉丝"经济;再者,"IP 联名"营销往往能产生高溢价,与具有一定知名度的 IP 合作,可以提升品牌文化附加值,达到事半功倍的效果。

此前,李宁品牌一款帽衫因为印上了《人民日报》一张 1984 年李宁在洛杉矶奥运会上获得金牌的新闻照片而迅速走红。李宁也凭借这一爆款在国潮崛起的风潮中抢占先机。亚朵酒店与上海美影厂联名的美影酒店让齐天大圣、哪吒、黑猫警长、葫芦兄弟等老 IP 焕发新生机,也让亚朵品牌实现跨越发展……这些越联名越出名的成功案例都为著名 IP 走向商业化道路打开了广阔的想象空间。

然而,"IP联名"虽好,如果被不务正业的品牌"学废了",反而会弄巧成拙。这两年,肯德基的联名营销之路似乎越走越"宽":与故宫、六神花露水、国产游戏《原神》等著名IP都开展了广泛合作,但从效果来看,消费者似乎并不买账。比如,肯德基与六神花露水曾联名推出一款青柠气泡冰咖啡,就被网友吐槽:难道喝了它能驱蚊吗?还有马应龙口红、泸州老窖雪糕……如此种种生搬硬套的"拉郎配"不仅尴尬了消费者,也透支了品牌的情怀,更造成资源浪费。文化始终是IP的灵魂所在。品牌"联姻"也要讲究"门当户对",只有文化的契合才能让联名品牌相得益彰,实现双赢。

再好的创意也经不起无休止复制。为搭上国潮列车,很多企业尝试与故宫联名,"得故宫IP者得天下"在文创界一度广为流传。但是,近年来,从服装到美妆,从食品到珠宝,层出不穷的故宫联名款也让消费者产生审美疲劳,给大众留下授权泛滥、透支品牌的印象。600多岁的故宫的确是一座IP"富矿",但是对于传统文化的挖掘也要精心、适度,只有读懂IP背后的文化内涵,才能充分发挥IP商业价值,让合作产生1+1>2的效果。

联名爆款并不代表产品爆款,不管营销手段如何变幻,品牌都应该围绕产品的核心竞争力做文章。知名零售企业名创优品手握众多IP授权,把商品变成了著名IP的展示舞台。但是到头来,人们记住的仍然只是那些IP,而并非名创优品的某件产品。品牌竞争赢在声量,更要赢在质量。大白兔这些年在IP营销上做得炉火纯青,把跨界联名玩得风生水起,但是消费者提出的"奶糖变硬、奶味变淡"的问题,似乎始终没有得到根本解决。无论什么时候,企业都应该把研发和创新放在最重要的位置,只有沉下心去打造爆款产品,才能赢得消费者的"长情"陪伴。

"IP联名"不单单是一场简单的流量转化，更是对文化的坚守和传承。如何把中国故事IP化？如何塑造更多具有民族文化基础的IP？文学、动漫、影视等不同特点的IP，如何发挥各自优势与不同类型的品牌建立连接？这些问题都有待行业进行更深入的探索和思考。

（刊发于2022年1月23日综合版）

新民乐出圈靠的是文化自信

近期，河南卫视又火了，这次是因为与优酷、虾米音乐娱乐联手在小年夜打造的一台晚会《新民乐国风夜》。这台以中国传统民乐为内核的节目，融入流行音乐、戏曲、古诗、"非遗"等艺术形式，通过电影化的视觉表达展现中国民乐的独特魅力，再度掀起热潮，获得了收视与口碑的双丰收。据统计，《新民乐国风夜》播出后，全网相关话题总阅读量近10亿次。

每逢佳节必出"新"。从《唐宫夜宴》到《元宵奇妙夜》《清明奇妙游》，河南卫视的国风节目总是令人眼前一亮，回味悠长。没有流量明星撑场面、不靠娱乐效果抓眼球，依然可以打动无数观众，河南卫视做对了什么？这背后的原因值得细品。

首先，用心对传统文化进行深入挖掘。在《新民乐国风夜》中，15个节目涉及15种国风乐器演奏。节目组为闽南家喻户晓的民间歌谣《望春风》重新填词，邀请来自美国、委内瑞拉、赞比亚等地的乐手共同演绎唢呐名曲《百鸟朝凤》，用歌曲《塞北江南》完成了一次西北花儿与江南评弹的南北对话……没有简单地堆砌民乐符号，而是将创新建立在对民乐资源充分了解的基础之上，专业品质和格调把握让节目生动活泼又不失文化内涵。变化的是形式，不变的是对传统文化的坚守和传承。

其次，弘扬传统文化也要号准时代审美脉搏。在这台晚会中，清脆的扬琴、悠扬的二胡、忧伤的古筝等古典韵味与西方乐器吉他、贝斯、爵士等现代流行旋律巧妙融合、相得益彰，令人耳目一新。过去，文艺评论界有一种观点认为，民族音乐一旦太花哨、太流行就会失去审美价值。《新民乐国风夜》则用独特的形式告诉观众，高雅不一定要用正襟危坐的形式表达，民族音乐的生命力可以在融合创新中不断拓展和强大。随着当代人的文化和审美需求日趋多元，民族音乐契合当下流行脉动，不断推陈出新，才能在繁荣的文化市场中得以更好地传播与发展。

最后，传统文化"谱新曲"的同时，也要善于"引共鸣"。如何吸引当代年轻人的关注，是传统文化传承发展必须要面对的一个难题。酒香也怕巷子深。在互联网时代，传统文化的传播方式也需要与时俱进。好内容要有意识地利用好数字时代的传播规律，让大珠小珠落玉盘的动人旋律，通过大屏小屏等各种载体广泛推送，借力互联网这个传播阵地，帮助传统文化迅速"出圈"，被越来越多的年轻人接受。

如今，国潮的流行不再局限于以物质产品为代表的新国货，而是在文化领域全面引发新潮流。在这一趋势下，新民乐有望成为国潮新IP，与更多行业融合发展，碰撞出绚丽的火花。《唐宫夜宴》走红后，其作为一个节目IP推动了河南的文旅产业跨越式发展，给河南文旅增加了不菲的营收。

新民乐出圈是文化自信的表现。如今，越来越多的音乐人不再照搬西方创作模式，开始从传统文化，特别是从传统民族乐器中汲取创作元素和创作灵感。实践证明，中华传统文化是当代文艺创作的源头活水。坚持不忘本来，吸收外来，面向未来，中华民族音乐的创作与演奏一定会取得更大突破，中华传统文化也必将跨越时空、超越国度，成为世界舞台上一颗璀璨的明珠。

（刊发于 2022 年 1 月 29 日综合版）

国产电影在蜕变中成长

今年春节档，电影市场有两部战争片引发观影热潮。《长津湖》的续集《长津湖之水门桥》大中取材，展现战争的"全景"；《狙击手》小中见大，更像是战斗的局部"特写"。同为战争题材，选择同一档期上映，都表现出不俗的票房号召力和口碑影响力，打破了以往春节档喜剧片唱主角的市场格局。

战争题材一直是电影创作的重要题材。在中国电影史上，曾经掀起过多次战争题材的创作热潮，也诞生过一批家喻户晓的作品。不过，一段时间以来，国产战争片陷入创作"瓶颈"。有的全程枪林弹雨、炮火连天，却让人昏昏欲睡；还有的说教痕迹明显，缺乏深入人心的力量而被市场"冷落"。从《长津湖》系列的"大"到《狙击手》的"小"，国产战争片发生了什么样的蜕变？

战争片越来越好看，离不开中国电影工业水准的提升。电影工业水准体现在类型化的创作、科学系统的制片管理以及新技术的应用。《长津湖》系列的创作经验表明，同一类型的电影可以按照一定的创作标准，从剧本到制作遵循一定的创作规律，不断复制成功经验，保证可持续生产。科技和艺术的结合也是电影工业化的重要标准。《长津湖》系列在创作中借助高科技为观众创造了撼人心魄的视听体验，后期制作、特效技术90%以上都在国内完成。当前，在网

文体市场面面观

络媒体冲击下，电影需要走向更高的制作水平，电影观众希望在电影院里获得与其他视听平台截然不同的体验。这些变化迫切需要电影人用科技创新引领行业发展，随着电影技术研发能力进一步提高，大银幕的独特魅力也将进一步绽放。

战争片越来越好看，离不开中国导演讲故事能力的提高。如今，战争片越来越重视讲好大场景中的小故事。既能"得其大兼其小"，又可"见其小观其大"，既有对战争过程的全景式表达，又有对普通一兵的生动刻画。从这个角度来看，《狙击手》虽然没有轰轰烈烈的大场面，但影片对人物的塑造却深入人心。特别是方言的运用，用轻度喜剧描摹悲壮内核，让一个个可亲可敬的中国军人形象跃然银幕之上。电影的文化属性决定其必须承载民族精神文化价值。因此，电影创作不应只追求场面的震撼，更要追求心灵的震撼。当导演们可以运用的技术手段越来越先进，也应该沉下心去思考该用什么样的艺术形式追忆烽火岁月，致敬"最可爱的人"。

国产影片既要立足国内市场，也需打开国际视野。值得肯定的是，当前国产战争片在高扬主旋律的同时，主题思想不再单一，对于战争与和平、战争与人的关系进行了更为深入的思考。电影艺术是一门世界通用的语言，也是传播中国故事的最好载体之一。中国电影还需不断开拓题材的广度和深度，加强国际交流合作，找到人类共情密码，让中国故事真正走向世界。

《长津湖》系列和《狙击手》让我们看到战争题材拥有广阔的创作空间。截至2月9日，2022年全国院线电影总票房（含预售）突破100亿元大关，电影市场消费潜力可见一斑。期待中国电影在蜕变中成长，用更多叫好又叫座的艺术精品实现社会效益和经济效益双丰收。

（刊发于2022年2月12日综合版）

期待冰雪题材影视作品更精彩

伴随北京冬奥会，银幕上冰雪主题的影视作品也在进行着激烈比拼。从电视剧《超越》到《冰雪之名》，还有即将登上大银幕的《我们的冬奥》《破冰少年》……一场场冰雪视听盛宴接力上演。不过，目前播出的大部分冰雪题材影视作品不温不火，并没有产生与冬奥赛事跨屏共振的理想效果。

究其根源，还是这些影视作品创作不够用心，内容不够丰富，无法满足观众日益"挑剔"的口味。有的作品披着冰雪运动的外衣，内核还是谈情说爱的偶像剧；有的作品只是用冰雪作背景，拍摄制作简单粗糙。没有严肃的创作态度，没有长期的积累沉淀，没有深入的生活体验，没有精心打磨的故事，即使蹭上冬奥热度，冰雪主题也不过是昙花一现，很难成为银幕经典。

冰雪题材影视作品可以展现冰雪运动的独特魅力，但又不止于此。相比一些蹭热度的"应景之作"，电视剧《冰雪之名》视野更为开阔。它立足我国冰雪发展历史，展现时代洪流，讲述了我国冰雪人拼搏奋斗的故事。其实，我国拥有非常丰富的冰雪运动文化历史，只不过缺少相应的影视作品去展现，导致很多观众对冰雪运动缺乏深入了解。未来，影视创作者还可以进一步挖掘冰雪运动的历史文化内涵和所蕴含的体育精神，用更加丰富的视听语言将其呈现在银幕上，带给观众全新的视听体验。

人们在观看冰雪题材影视作品的同时，还期待在银幕上一睹冰雪之美。冰雪题材专业性极强，要做到真实还原场景，对拍摄资源和场地都提出了较高的要求。在目前播出的几部影视作品中，多数作品还是选择了室内冰上项目。这既有市场层面的考虑，也受到制作条件的限制。由于我国雪季较短，天然雪场稀缺，基础设施相对薄弱，拍摄雪上运动难度更大。不过，随着北京冬奥会的成功举办，我国冰雪运动"冰强雪弱"的格局被打破，影视作品也会更多关注雪上项目的创作。对此，国内一些冰雪资源丰富的城市已经开始布局，哈尔滨探索出以"影视主题+旅游体验"为核心的世界冰雪影视之都，将为冰雪题材项目拍摄创造更好的资源和场地，银幕上的冰雪之美值得观众期待。

一部"出圈"的冰雪题材影视作品能够让更多观众对冰雪运动产生兴趣，从而推动冰雪运动普及。较之其他体育项目，滑雪运动专业性强、参与"门槛"高，让一些人望而却步。近期一档综艺节目《超有趣滑雪大会》将滑雪运动与趣味创意游戏融于一体，"以雪会友"的形式彰显积极向上的体育精神，拉近了大众与冰雪运动的距离。电视剧《超越》热播后，也燃起很多观众对滑冰的热情，网友纷纷评论："看了电视剧也想尝试滑冰""在哪里跌倒就在哪里爬起来是冰上运动最大的魅力"……影视作品对冰雪旅游、冰雪运动具有强烈的带动作用，有望实现文旅、文体联动下的共赢。

随着国内冰雪产业快速发展，冰雪题材影视创作还有潜力可挖。在一些体育影视作品发达的国家，每一项运动背后都有数以千万计的"粉丝"和拥趸，他们正是体育影视作品的忠实观众。随着我国

"带动三亿人参与冰雪运动"的目标实现,银幕上的冰雪故事也一定会越来越精彩,从应景之作走向长红之作。

(刊发于2022年2月19日综合版)

谨防体育培训粗放式发展

体育培训班火了。篮球、足球、羽毛球、体能训练……"双减"政策落地后的第一个寒假，减轻了课业负担的学生扎堆去上"体育课"，体育培训市场爆发式增长成为近期热议话题。

体育培训市场火爆并不意外。一方面，政策利好。近年来，我国加快推进体教融合，《关于全面加强和改进新时代学校体育工作的意见》出台，体育培训行业迅速升温，"双减"政策落地也给这个行业添了一把火。另一方面，需求旺盛。国家统计局数据显示，2020年我国0~14岁人口超过2.5亿人，而随着生育政策调整取得积极成效，我国少儿人口比重回升，庞大的青少年人口数决定了巨大的体育教育需求。

站上"风口"的体育培训行业，需要警惕粗放式发展，加强对行业的规范和监管迫在眉睫。

首先，要避免体育培训机构重走学科类教育机构的老路。自教育部决定增加中考体育分数后，市场上又出现专门应对中考的"冲刺班""提高班"，误导家长从一种焦虑走向另一种焦虑。特别是一些培训机构超期预收费、违规高收费、缴费容易退费难等问题受到诟病。应该明确，体育培训的本质是教育，应把社会效益放在首位，不可一味追求商业利益。早些年，学科类教育机构在高速发展时期由于资本过度渗入，导致行业盲目扩张，乱象丛生，严重破坏教育生态。下一步，要从政策层面加强引导，避免体育培训出现功利化、短视化行为。行业也要加强自律，坚决摒弃应试思维和贩卖焦虑。

其次，对体育培训机构必须要立规矩。当前，我国体育培训机构还处于粗放式发展阶段，一些机构专业性和服务水平良莠不齐，经营资质、经营范围模糊不清等问题扰乱市场秩序，侵害消费者权益。针对这一问题，国家体育总局已印发《课外体育培训行为规范》，有利于引导行业从粗放式管理向精细化管理转变。

还要看到，体育项目高度依赖场地，不能搞"铺天盖地"扩张。下一步，场馆利用率的提高以及场地开发是从业者需要思考的重点方向。同时，还要把更多精力和资金投入提高管理水平、维护教学质量等方面，毕竟，高质量发展才是市场竞争力的根本保证。

随着我国消费升级进一步加快，市场对于高品质和个性化的体育服务需求也会日益旺盛，培训机构还需要不断创新，为市场创造独特价值。培训机构可以延长自身产业链条，通过举办丰富多彩的赛事活动，形成"培训+赛事IP+衍生品"的商业模式，这些都是行业未来发展新的增长点。

体育培训的意义不只是参与运动、强身健体，培训机构除了教给孩子运动技能，还应该把"毅力""规则""拼搏""团结"等体育精神融入教学体系中，让孩子们在体育锻炼中形成独立意识、乐观心态、豁达性格、创新精神，这对于孩子未来步入社会、面对人生具有不言而喻的重要意义，也是国家大力提倡素质教育的题中应有之义。

（刊发于2022年2月26日综合版）

大众旅游需要小众精品

近期发布的《"十四五"旅游业发展规划》提出,"十四五"期间,我国将全面进入大众旅游新时代。这一重要判断提振了旅游业信心,也为行业下一步发展指明了方向。

为何说我国全面进入大众旅游时代?看过去,"十三五"期间,我国年人均出游超过4次,年出入境旅游总人数突破3亿人次;看未来,"十四五"规划中多次提到"大众旅游"一词,预计今后5年我国出游人群将进一步扩大,出游频次将进一步增加,旅游业的产品供给和业态将更加丰富,旅游业将从低层次向高品质和多样化转变。

新冠疫情给旅游业发展带来很多不确定性,疫情发生以来,我国旅游业遭受巨大冲击,至今尚未摆脱困境。在疫情防控常态化背景下,出境游、入境游复苏进程注定不平坦,这就意味着,继续发展旅游产业,必须先培育繁荣国内市场,充分释放内需潜力,用创新产品和服务拥抱大众旅游新阶段。

吸引大众并不是要简单满足大多数人的口味,恰恰相反,大众旅游时代,市场将不再单一,而是逐渐形成多层次、多业态、多样化的格局。在疫情防控常态化下,年轻人带火了露营、房车等新玩法;"双减"政策出台后,研学游受到众多学生和家长追捧……

这些现象表明，培育更加细分的小众市场是旅游业发展的趋势。在推动更多国民参与旅游消费的同时，要把更多精力放在满足中高收入群体旅游消费升级的需求上。瞄准"老、中、青"，串联"点、线、面"，打造包括体育旅游、研学旅游、康养旅游等细分赛道的新热点。

吸引大众还要做精小众。大众绝不代表千篇一律、千景一面。旅游市场发展至今，已不缺少大众化旅游产品，缺少的是对现有资源深入细致的挖掘。过去提起乡村游，人们想到的要么是"农家乐"，要么是垂钓园，产品结构单一、同质化竞争让乡村游成为低端产品的代名词。近年来，很多乡村旅游项目深入挖掘当地文化内涵，化劣势为特色，打造出独一无二的旅游精品。比如，北京市大兴区庞各庄把相对小众的西瓜主题做成了当地旅游品牌，从西瓜种植到科普教育再到观光采摘，不断拓宽产业范畴，用创意吸引了大批"吃瓜群众"慕名而来。这说明，"大众旅游"需要"小众精品"。下一步，旅游业应围绕游客"看什么、买什么、吃什么、记住什么"，不断丰富旅游内涵，提升游客旅游体验，进一步释放国内旅游市场的消费潜力。

全面进入大众旅游时代，把旅游资源"冷门"变"热门"，把旅游"头回客"变成"回头客"，还是要在垂直细分领域做文章。"越小众越出圈，越垂直越精深"这个规律在很多消费领域已经被印证，相信旅游业也一定能从中受益，闯出一条新路。

（刊发于2022年3月5日综合版）

影视基地应加快向电影工业化转型

一部电影从立项到上映，需经历若干环节。而影视基地就像电影生产的"车间"，是电影制作流程中的重要一环，也是电影产业高质量发展的幕后力量。一段时间以来，各地建设影视基地热情高涨，影视基地如珠落玉盘遍布各地，但也存在质量参差不齐、同质化竞争、发展偏离主业等问题。近日，国家电影局等部门印发《关于促进影视基地规范健康发展的意见》的通知，有利于促进影视基地转型升级，为电影产业高质量发展提供有力支撑。

中国电影家协会影视基地工作委员会发布的《中国影视基地发展调研报告》显示，当前，全国登记在册的影视基地有300多家，各类影视基地名目繁多，但真正能为影视产业服务的只有30%。值得注意的是，一些影视基地出现"地产化"倾向，投资者圈地后只顾盖楼、无心主业，让影视基地变味走样。还有一些影视基地缺乏核心竞争力，也缺乏吸引各类人才的政策和条件，陷入比拼造景面积、退税补贴、服务价格等无序竞争。影视基地需提质升级才能更好满足电影拍摄需要，从而在影视工业体系化进程中发挥作用。

一是硬件升级。很多导演吐槽国内影视基地只能拍"小戏"，不能拍"大片"。比如电影《紧急救援》在水景拍摄时就选择了墨西哥的"水棚",因为那里的海水比例、海底压力、日光等拍摄要素更全,而国内影视基地还不具备这样的拍摄条件。当前,科幻片、灾难片等类型影片的大热越来越凸显电影工业化的重要性。我国影视基地的发展也应与时俱进,紧跟影视创作和市场热点的迭代升级,大胆引进新技术,构建具有现代科技水平的影视基地。

二是软件升级。中国电影已进入数字化时代,比如,在宁波象山影视城,从影视烟火枪支使用报备到群众演员选角,都可以在线上完成,极大提高了剧组工作效率;在上海东方明珠数字影视基地,云计算、云储存和云制作构建起强大的数字底座,让影视创作各环节都能精准高效运行。随着"虚拟制作时代"来临,"天上一朵云、空中一张网、地面一组棚"的高品质数字化影视基地将成为未来发展趋势。即便如此,数字化后期制作水平仍是国产电影工业化发展的短板。影视基地只有加快数字化转型,才能走好高质量发展之路。

影视基地繁荣发展的同时,也要做好合理规划。国内影视基地虽然分布广、规模大,但是低水平重复建设的情况较为严重。比如,沙漠风光、上海滩风光等场景几乎成为影视基地的"标配",这些外观雷同、功能相似的影视基地,难以形成真正的吸引力和影响力。影视基地也要走"专精特新"的道路。不过,现有传统影视基地也不能"一刀切"淘汰。应充分发挥各类影棚特长,满足不同类型、不同投资、不同体量影视剧的个性化制作需求,逐步推动影视作品拍摄提质升级。

中国从电影大国迈向电影强国,工业化是必由之路。过去一年,我国电影总票房和银幕总数继续保持全球第一,而与此形成鲜明反差的是,电影工业化水平仍处于初级阶段。影视基地对于提高电影工业化水平具有重要意义，应加快转型升级，让影视基地真正成为建设电影强国的强劲引擎。

（刊发于 2022 年 3 月 12 日综合版）

文学影视联姻成就"爆款"

电视剧《人世间》首轮播出结束后，热度持续上升。该剧的成功不仅为观众带来了愉悦的审美享受，也对我国影视产业的发展提供了诸多有益启示。

首先，让我们看到文学具有广泛影响力和广阔再创作空间。近年来，电视剧市场风向逆转，古装玄幻热度骤减，现实主义题材逐渐回归，严肃文学越来越受市场关注。从《装台》到《平凡的世界》，再到《人世间》，一部部叫好又叫座的电视剧背后都能看到文学的力量，再次证明文学为影视创作提供丰沛的资源和强大的支撑。

手握优质文学IP，剧集并不一定就能成功。《人世间》创作经验表明，影视创作既要尊重艺术规律，又要尊重市场规律。一些文学作品的改编剧之所以没能获得认可，主要是创作团队急功近利，改编作品粗制滥造。严肃文学注重思想性，影视作品追求戏剧冲突，《人世间》在两者之间取得了较好的平衡，既保留了原著的深刻内涵，又找到了打破不同圈层的"最大公约数"，这正是其引起观众共情的密码。

其次，文学与影视联姻，不能满足于对原著的还原，还要为原著增色、赋能。电视剧《人世间》在尊重原著的基础上，通过大胆塑造人物和重构剧情，呈现出高密度戏剧冲突，特别是通过对很多细节的丰富升华了原著。作为一种传播范围更广、影响面更大的艺术形式，影视作品在讲好故事方面有其独特优势，影视创作者应牢牢树立精品意识，把握艺术规律，让文学与影视的联姻相互启发，相互成就。

从《人世间》的成功可以看到，影视市场开发出"爆款"有迹可循。影视产业是内容产业，核心竞争力永远是内容为王。当今时代，IP不再是影视产业万能的金钥匙，一时的"押宝"并不能持续带来好运，只有基于对文化价值的长线思考，坚守内容本身的市场规律，才能在激烈的竞争中突围。

如何不断复制"爆款"的成功经验，用更多精品力作回馈观众？这对影视产业工业化发展提出更高要求。影视剧创作是一门集体的艺术，离不开全流程通力合作。《人世间》除了扎实的剧本改编外，融入角色的演员、烘托情感的音乐、精心制作的服装道具，每一个环节都成为加分项，这在一定程度上反映了中国影视工业化正在向高质量发展迈进，这种工业化制作方法也将推动更多优秀影视作品绽放光彩。

最后，《人世间》的成功还为我们开创了讲好中国故事、打造中国IP的成功模式。其开拍仅一个月，就被迪士尼预购了海外独家发行版权。这充分说明我国优秀文化艺术具有独特魅力，中国故事具有强大吸引力。今后，影视产业要主动融入现代传播格局，实现"破圈"传播、"跨界"生长，为讲好中国故事、弘扬时代精神作出更多的贡献。

（刊发于2022年3月19日综合版）

乐见长短视频合作共赢

最近，网络视频行业有两件事颇受关注：爱奇艺起诉虎牙直播侵权获赔；搜狐抖音达成合作，抖音获得搜狐全部自制影视作品的二次创作授权。如果说长短视频的版权之争是一个老生常谈的话题，早已不算新闻，那么后者摒弃对立思维，迈出了行业走向合作共赢的第一步，则为我们观察长短视频之争提供了一个全新的视角。

一段时间以来，长短视频对于版权问题一直各执己见。从短视频平台看，短视频二次创作可以提升作品的社会经济价值，催生新的商业模式，已经成为很多影视作品宣发的重要阵地。比如，前段时间热播的《人世间》在抖音开通了官方账号，多条点赞破百万次的视频很大程度上助力了话题的发酵。但是从版权方角度看，未经授权的短视频内容暗藏风险隐患，很可能泄露核心剧情。而剧集内容正是长视频平台付出真金白银换来的核心竞争力，岂能轻易拱手？

长短视频平台要想达成共识必须厘清一个概念，那就是内容作品的财产属性。无论是一段音乐、一篇文章还是一部电影，都属于版权方的财产，也是内容产业赖以生存和发展的核心资源。早些年，电台播放歌曲就缺乏付费意识，自认为作为大众传播平台，播放歌曲是帮助作品传播，天经地义。而事实是，按照国际惯例，音乐的词曲作者或录音版权拥有者都应该按比例得到音乐版权分成。随着互联网技术的发展，版权保护更为复杂。但无论技术如何发展，只要是规模化、商业化传播他人作品，都必须获得许可并支付相应报酬，这是合理的商业规则，也是我国著作权法规定的基本原则。只有让版权价值得到认可，并将其转化为实际的经济效益，才有利于激发原创动力，进而促进整个行业繁荣发展。我国新《著作权法》对于著作权集体管理制度的完善，为短视频行业规范化发展提供支撑。年12月发布的《网络短视频内容审核标准细则》也释放了明确信号：短视频剪辑影视剧片段必须先授权后使用。随着我国版权体系的日益完善，版权保护日趋严格，任何内容产品都不再是免费的午餐。

强调版权保护固然重要，但是，维权不是目的，让版权发挥更大价值才是根本。过去，通过民事诉讼的途径去解决侵权问题并获得赔偿是长视频平台的惯用做法。但这种方法的弊端是举证难、维权难、周期长，彼此消耗，最终两败俱伤。在保护版权的同时，如何更好地推动创造、传播与市场拓展是需要行业共同探讨的课题。此次搜狐抖音达成合作是一个良好开端，建立长短视频合作机制，创新合作模式，形成良性互动必将促进行业持续健康发展。寻求合作的途径可以是多样的，比如，短视频平台主动向长视频平台购买版权，以供短视频创作者进行二次创作；也可以在新剧宣传推广、创意营销等方面与长视频平台达成长期战略合作，通过多种途径实现创作者、版权方、用户的共赢。

从长远看，分蛋糕不如共同做大蛋糕。对于长视频来说，离开了优质内容，平台将是无源之水、无本之木。对短视频来说，没有创新只是搬运的产品是没有生命力的。长短视频形式不同，各有所长，应该充分发挥自身优势，把高质量内容作为平台立身之本，把内容创新作为核心竞争力，以互利合作的胸怀共同为文化产业繁荣发展作出贡献。

（刊发于 2022 年 3 月 26 日综合版）

做好"赏花经济"下篇文章

春和景明,百花盛开,正是一年春光好。眼下,以"踏青赏花"为关键词的相关搜索在互联网平台热度高涨。

我国地域广博,可开发培育的花卉品种众多,随着经济增长和居民收入水平的提高,"赏花经济"潜力巨大。不过,花开终有时,赏花时间短则一周,长不过月余,难以形成持续性吸引力。目前,从分布地区和花卉品种分类来看,景区同质化竞争越来越激烈。比如,江西婺源油菜花成功后,全国各地油菜花海"铺天盖地",暴露出"赏花经济"缺乏设计和合理规划。赏花游"年年岁岁花相似",旅游体验过于单一,游客容易陷入审美疲劳。

打破赏花游天花板,须做好"赏花经济"下篇文章。

以"花"为媒,引客还要留客。如今,拥有更多体验感和参与感的沉浸式旅游,越来越受到游客追捧。赏花游不能只停留在"拍照打卡"的初级阶段,还要加大参与性、体验性等深层次项目的开发。比如,为赏花融入文化主题演绎、汉服体验等全新内容,让赏花与采摘、音乐节等项目融合发展。赏花不是唯一目的,游客还需要更多留下来的理由。比如,婺源不仅有油菜花,还有徽派建筑、徽派文化。花只是一种媒介,当地特色文化才是旅行真正的内核。

以"花"为题,讲好花的故事。每种花都有自己独特的花语和文化，利用多种载体讲好花的故事，传递花的美好寓意，才能让赏花游深入人心，花开不败。樱花不仅是日本旅游产业的重要支柱，还给日本的文学、艺术留下经典意象。每年樱花季，日本旅游局都会在推特上发起活动，号召国际游客晒出观赏樱花的照片。国内赏花游在宣传和推广方面也要借鉴国外先进经验，充分利用动漫、影视、短视频等形式加速促进赏花游品牌化，用万紫千红的"颜值"，为城市发展引流赋能。

以"花"为材，促进农旅融合发展。鲜花不仅具有观赏性，也具有实实在在的经济价值。要充分挖掘花卉的多重利用价值，研发鲜花深加工产品。用花"穿针引线"，拉动一、二、三产业协同发展。从赏花到买花、吃花、用花，实现一花多得、一花多赢。农业与旅游融合发展，不仅为游客留下一份可以带走的美好记忆，也能带动广大农民增收致富。

做好"赏花经济"下篇文章，是推进旅游产业高质量发展的着力点。当前，我国旅游产业发展还存在产品种类单一、形式简单、内容贫乏、特色不足、游客停留时间短、消费水平低等问题，这些都是文旅融合不够深入的表现。让文化为旅游赋予深刻内涵，旅游为文化插上腾飞的翅膀，无论是一朵花、一座山还是一条河，都会在文旅融合之下展现出蓬勃生命力。

（刊发于2022年4月2日综合版）

打破网络电影"六分钟"怪圈

新冠疫情期间,云观影成为大众喜闻乐见的娱乐方式。多部院线电影转入线上播出后热度不减,为平台赚足了流量。与之形成鲜明对比的是,不少平台花真金白银买来的一些网络电影影响力远低于预期,不少网络电影的看点集中在免费试看的前6分钟,用户付费后才发现不是"注水"就是"烂尾",大呼上当受骗。

与院线电影相比,网络电影有自身独特优势:空间大,在题材和内容上可以适当拓展院线电影边界;成本低,不像院线电影动辄投入上千万元,一般拍摄宣发全流程费用仅需几百万元;播出快,申报流程相对简单,从完成制作到上映一般只需要几个月……但遗憾的是,一些网络电影未能把好品质关,放松了对剧本和演员演技的要求,严重破坏行业声誉。

在国家监管和行业共同努力下,近两年网络电影正向规范化发展转变。去年我国网络电影的立项备案总量呈下降趋势,一批粗制滥造的作品被政策"门槛"、行业标准挡在了市场之外。但是,减量不等于提质,目前市场上能让用户心甘情愿为之付费的高质量网络电影仍是凤毛麟角,与观众对优质内容的期待相去甚远。

提高网络电影质量,关键是改变"游戏"规则。网络电影市场曾经流传着三个关键词:片名、海报、"6分钟"。"6分钟"是一些

打破网络电影"六分钟"怪圈

视频平台提供的免费试看时限,一旦超过6分钟,系统会自动提示观众购买会员资格或付费观看。这条规则让网络电影陷入"6分钟"怪圈,导致一些网络电影把精力放在影片前6分钟如何吸引观众付费上,缺乏提升内容品质的动力。

为改变这种状况,一些视频平台自4月1日起调整了电影在线发行合作模式,新规将6分钟"有效付费点击"调整为"按播放时长分账"。用户看得越久,电影制作方的收益就会越高。让经得起市场检验的优质内容撬动更高的票房分账,有望促进网络电影作品质量提升。

此外,还要让好内容成为网络排片的唯一标准。对用户选择意愿更高、播放时长更长、口碑表现更好的内容,平台应该提供更多的推广资源。平台通过把用户的观看数据、评论内容、评价结果更直接地呈现出来,让观众在选择电影时不再"拆盲盒"。总之,一切改革要紧紧围绕"内容"这个核心,通过公平、透明的发行机制和多维商业模式,让更多优秀的网络电影作品有机会脱颖而出。

无论是对于电影行业还是观众来说,网络电影都有不可忽视的重要意义。特别是在疫情期间,网络电影有望挑起电影市场的大梁。日前,流媒体平台出品的电影《健听女孩》夺得了奥斯卡最佳影片奖,成为首部登顶奥斯卡的网络电影,这无疑为网络电影带来新希望。相信在从业者和平台的共同努力下,网络电影能用多元、优质、接地气的内容,为繁荣我国影视创作提供助力,成为电影产业发展的增长点。

(刊发于2022年4月10日综合版)

如何看音乐平台版权之争

在线音乐平台又"掐架"了。近日,"网易云音乐"官方微信公众号发布"起诉腾讯音乐不正当竞争"的声明。声明中,网易云音乐指出腾讯音乐侵权、抄袭等多重"罪状",并表示已就腾讯音乐娱乐集团包括QQ音乐、酷我音乐、酷狗音乐、全民K歌等多款产品的不正当竞争行为提起诉讼。腾讯在回应中也列举出网易云音乐播放山寨版热门歌曲等一系列证据,两大公司为了"谁抄谁"打起了嘴架。

随着我国对音乐版权的管理逐渐规范,企业维权意识不断增强,各大音乐公司、平台以及创作人都加大了打击盗版音乐、侵权音乐的力度。一个显著变化是,国内涉及音乐版权的诉讼案件连年增长。版权保护固然重要,但从国内数字音乐市场的情况来看,版权之争背后更深层的矛盾是在线音乐平台的竞争焦虑。

版权之争其实是用户之争。不过,对于大多数消费者而言,他们关心的不是谁模仿了谁,而是哪首歌曲真正好听,以及哪种付费模式比较合理。在一些音乐平台上,很多用户反馈优质原创内容仍然稀缺,原创音乐水平饱受争议,歌曲音质不尽如人意……同时,平台单曲支付价格过高、会员包月后还要为某些专辑另外付费等问题都降低了用户的付费意愿。数据显示,2021年,我国网络音乐付费率为 10% 左右，与音乐产业发达国家和其他数字文化消费相比，我国数字音乐付费率相对偏低。平台企业应该明白，竞争不能光靠维权和打嘴仗，维权之后如何用更好的内容吸引消费者购买音乐服务、构建并完善行之有效的付费模式才是需要深入思考的问题。

版权之争也是流量之争。但是，争来的流量不能简单流入平台的腰包。音乐平台对版权的重视应该是为了让好音乐的价值得到更好的保护和尊重。可事实上，我国专业音乐人员依靠音乐变现的能力仍然较差，特别是版权保护和分成体系中存在严重问题，极大影响了音乐人对优质原创音乐作品的创作热情。从这个角度来说，只有让庞大的用户流量转化为经济价值，并以此反哺音乐创作，确保音乐人的合法权益和稳定预期，才能更好激励作品创新，这才是保护版权的真正意义所在。

我国音乐市场发展空间广阔。根据国际唱片业协会的数据，在音乐收听消费领域，2021 年中国成为全球第六大音乐市场，并保持着 30.4% 的增速，是十大音乐市场中增长最快的地区。面对机遇与挑战，在线音乐平台不妨把眼光放远一些，要看到，未来竞争不再只是围绕版权的单一竞争，而是包含综合运营、内容创新、原创音乐、商业多元化等多维度的较量。企业只有把更多精力放在提升服务水平、用户体验和产品创新上，才能推动行业内部真正创新变革。企业之间只有良性竞争才能互相促进，共同进步。竞争是为了推动企业健康可持续发展，为了更好地满足消费者美好生活的需求，更是为了我国文化市场的长久繁荣。

（刊发于 2022 年 4 月 30 日综合版）

电影市场不妨多些"小而美"

数据显示，今年"五一"档票房最终以 2.97 亿元收官。这一成绩是在北京、上海两大票仓城市缺席的情况下取得的。虽然数字并不亮丽，但对于疫情之下坚守的电影人来说却弥足珍贵。

影院营业率不足和影片供应不足是今年"五一"档票房不佳的主要原因。从影院方面来看，自 3 月份以来，受疫情多点散发影响，全国多地电影院再次按下"暂停键"。"五一"期间，全国范围内有票房收入的影院数量超 8000 家，平均营业率 67.6%。虽然较 4 月底有所回弹，但北京和上海两大票仓关停对市场整体影响较大。从影片供给方面来看，今年"五一"档上映的新片仅有 3 部，与去年"五一"档上映新片多达 13 部相比，显得有些冷清。

并不乐观的数据背后，电影市场仍有很大潜力可挖。以今年"五一"档票房冠军《我是真的讨厌异地恋》为例，作为同档期中为数不多的国产片，"青春+爱情"题材吸引了不少女性观众。这表明，看电影仍是人们假期娱乐的重要方式，观众没有放弃电影院，对大银幕仍然充满期待。

不过，从观影人次来看，观影需求并没有被充分激发。即便登顶中国影史票房冠军的《长津湖》，观影也只有 1 亿人次。我国拥有 14 亿人口，如何让更多人去电影院看电影是从业者须努力的方向。

电影市场不妨多些"小而美"

具体而言，只有通过源源不断地加强优质影片供给、保障优秀进口影片顺利引进、用不同类型影片吸引更多观众走进电影院，才能激发观众的观影热情。

今年"五一"档，"小而美"电影表现出较大市场潜力。截至目前，《我是真的讨厌异地恋》票房已经破亿元，凭借真切自然的情感流露和贴近生活的话题故事打动了观众。相对于《长津湖》这类大片而言，投资小、成本低的"小而美"电影越来越受市场认可。虽然中小成本影片从制作规模上无法与头部电影、主流大片相提并论，但能弥补很多大片在讲故事方面的不足，展现以小搏大的票房潜力。

疫情期间，中国影业面临前所未有的挑战，"小而美"电影或将成为很多影企的出路和机会。其实，影片无论大小，只要做到"美而精"，就会赢得观众认可。在当前形势下，不一定要把全部希望寄托于"大片救市"，"小而美"电影的吸引力同样不可小觑。从业者应坚定信心，用心用情讲好故事，努力让电影市场形成主流商业大片厚积薄发、中小成本电影百花齐放的良好局面。

（刊发于2022年5月7日综合版）

《云南映象》能否蝶变归来

近日,中国民族舞蹈品牌《云南映象》传来解散的消息。

中国演出行业协会发布的数据显示,2021年演出市场经济规模共335.85亿元,同比降低41.31%。相比话剧、音乐剧等艺术门类,舞蹈演出在演出市场中所占份额较小,面对新冠疫情所承受的压力也更大。虽然演出行业受疫情影响不小,但《云南映象》目前的困境却不能完全归因于疫情。

《云南映象》运营方——云南杨丽萍文化传播股份有限公司业务主要靠《云南映象》和《孔雀》两部剧目,杨丽萍是其核心资产和金字招牌。疫情虽然对演出市场有直接影响,但剧目单一、对核心人物过度依赖等一系列问题,也是导致团队经不起"风浪"的重要原因。

《云南映象》凭借艺术魅力征服无数观众,一度成为中国演出市场的现象级作品。作为中国舞蹈史上第一个自我营销、包装、推广的原生态民族歌舞品牌,一张获得世界广泛赞誉的"中国名片",《云南映象》暂别舞台令人惋惜。人们关心疫情之后它能否重返舞台、再创辉煌,同时,也引发后疫情时代演出行业何去何从的思考。

从产品力看,《云南映象》创新升级的步伐有些慢了。《云南映象》在海内外巡演超过7000场,无论是商演场次、观众人数,都曾达到国内演出行业的巅峰。但是，在飞速发展的时代面前，每天都有不同的"新文化"诞生。比如，国风歌舞类节目凭借技术革新，提高了制作水准，给观众带来更强大的视觉体验。《云南映象》一直强调原汁原味的表演，但在坚守的同时，也有必要与时俱进，在大胆探索中不断自我完善，传承发展。

从商业模式看，《云南映象》在深挖 IP 价值方面也有不足之处。比如，《只此青绿》演出成功后，出品方抓住机会迅速启动文创产品开发和周边产业配套打造，如联名葡萄酒、绿茶以及数字藏品纪念票等，为"粉丝"提供了新奇有趣的文化消费体验。这说明，成功的商业模式可以反哺艺术，将艺术推向更广阔的市场，从而抵御产品单一化带来的风险。反观《云南映象》，在这方面的挖掘和努力都不够。

从艺术规律看，《云南映象》仍应坚守创作初心。对于民营艺术院团来说，《云南映象》对舞台艺术精益求精的态度值得肯定和学习。文艺演出不仅是为了满足人们丰富业余文化生活的需要，更肩负着传播优秀文化的社会责任，即便遇到了一时的困难，也不应动摇打磨艺术精品的信念。

《云南映象》当年之所以能取得成功，与其大胆开拓创新密不可分。近年来，文化演出市场新秀辈出，无论是"搭车"综艺节目向线下引流，还是借"国潮"风笼络年青一代消费群体，都契合了创新求变的发展思路。我们也期待《云南映象》早日完成华丽转身，蝶变归来。

（刊发于 2022 年 5 月 14 日综合版）

"网标"对网络影视意味着什么

不少细心的观众发现，近期上线的几部网络影视剧在片头处增加了"网络剧片发行许可证"的标识。根据国家广电总局的最新要求，自今年6月1日起将对网络剧片正式发放行政许可证，并从5月开始试运行。"网标"意味着更加专业、规范的网络视听时代的到来。

在电影院播放的电影片头会出现一个绿底龙头标志，业内称之为"龙标"。拿到"龙标"就意味着影片拿到了进入市场的许可证。考虑到网剧与电视剧的制作、播映机制及受众结构均有显著区别，网络电影、电视剧在诞生之初并没有按统一标准审查。随着产业飞速发展，"无证经营"隐患重重。从2019年2月开始，重点网络影视剧已经和电影、电视剧一样，要经过广播电视主管部门的审核才能上线，只是一直没有发布正式的许可标识。

由于产业发展初期创作环境相对宽松，导致行业野蛮生长，泥沙俱下，引发不少争议。过去，一些网络影视剧被贴上"粗制滥造""恶俗低级"等负面标签，主要原因是部分从业者想挣"快钱"，没有把艺术创作放在首位。为了博人眼球，他们故意打"擦边球"，很多故事哗众取宠、歪曲经典、篡改历史，明显背离主流价值观，甚至丧失了基本价值判断和艺术修养，这也是网络影视作品难出精品的重要原因。

无规矩不成方圆。网络影视作品是人民群众的精神食粮,不应成为思想艺术领域的监管盲区。线上与线下,虽然形式不同,标准不应有别。对网络影视剧的管理由原先的备案登记制到发放行政许可证,是网络影视产业的一次跨越升级,对于积极引导网络文化从业者自我规范、激励,促进网络视听内容迭代创新,进一步提高网络文化质量具有重要意义。

"网标"有利于网络影视作品向精品化方向迈进。有了"网标",网络影视作品不再比电影院、电视台播出的作品"矮半截"。对从业者来说,争取"网标"是一次自我约束和提升的机遇,将会激励其在内容领域深耕,朝着更加专业化、精品化、规范化的方向发展。"网标"也会吸引更多专业机构和人才向网络视听领域流动,创作出更多有思想、有内涵、接地气、受人民群众喜爱的精品力作。

"网标"有助于网络影视作品获得更广阔的发展空间。"网标"为行业设置了准入"门槛",将加速网络影视创作步入精耕细作时代。优秀的网络影视作品不仅满足了国内观众日益增长的精神文明需求,也让"走出去"多了一份底气,彰显中华民族的文化软实力,提升中国文化的国际地位,为讲好中国故事贡献不可小觑的力量。

从监管角度看,促进网络影视产业蓬勃发展,既要合规合法,也要保护其创作自由。网络影视作品接地气,故事通俗易懂,已经形成自身独特风格。主管部门在内容审查的标准和尺度把握上还需要进一步探索先进经验。如何促进影视作品网上网下融合发展,让网络文化与主流文艺相向而行,考验从业者的素质,也考验相关部门的智慧。

(刊发于2022年5月21日综合版)

红色经典靠什么圈住"年轻粉"

"一听黄河大合唱，DNA 就动了。"近期，大型文化节目《从延安出发》掀起收视热潮。节目通过青年演员与老一辈艺术家对话的形式追问历史，重温经典。节目中既有从 1939 年至今不同时期的《黄河大合唱》演奏画面，又有舞剧《永不消逝的电波》、话剧《直播开国大典》等精彩片段，观众坐在家里就能欣赏到"文艺国家队"打造的顶级视听盛宴。节目开播后相关话题登上热榜 30 余次，引发网友热议。

红色经典为何能让年轻观众动情走心？首先，这与当代年轻人的文化消费观密不可分。就像"国潮"流行一样，当代年轻人对于社会、国家的认同感推动了红色文化再掀热潮。多媒体的传播方式也让"90 后""00 后"成为红色文化的"新粉"。此外，年轻人进行文化消费的目的不再只是单纯娱乐，更看重艺术熏陶、精神满足和审美提升。用舞蹈、交响乐等艺术形式演绎红色经典，满足了年轻人对文化生活的新期待。

其次，以匠心打磨经典保证了作品较高的艺术水准。当代年轻人需要更高品质的文化消费。原创舞剧《永不消逝的电波》3 年演出 400 场，足迹遍布全国 40 余座城市，每一个舞蹈动作都经过仔细揣摩，每一个细节都反复推敲，通过缜密的管理运营和舞台监督制度，确保"百场如一"的高品质演出，发挥了现象级剧目的文化引领作用。红色经典既要传承更要创新。话剧《直播开国大典》通过科技与艺术相结合的形式改变过去"红色经典"单一的类型化面貌，让舞台艺术更加丰富饱满，打开了红色经典更广阔的创作空间。《黄河大合唱》之所以历经80多年依然常演常新、经久不衰，也离不开艺术家的突破和创新。

近年来，以红色文化为内核进行再创作的艺术作品好戏连台，既叫好又叫座，也成就了新的文艺经典。不仅演出、影视创作热衷于"红"中取材，红色景点也成为吸引年轻人的"打卡圣地"。这说明，红色文化的精神内涵具有穿越时空的强大生命力和感召力。只要坚守崇高的艺术理想，本着精益求精的创作态度和对观众负责的敬业精神去诠释"经典"，就一定能找到令观众动情走心的密码。

文艺不能在市场经济大潮中迷失方向，更不能成为市场的奴隶。当下，"红色经典"作为独特IP资源迎来了市场井喷，其商业价值不可避免地成为艺术创作需要考量的因素。应该明确，对红色IP的再创作和深入挖掘需要尊重原作的完整性和严肃性，绝不能为了片面追求流量和票房，扭曲原著和史实，将作品过度戏说和泛化。红色经典再创作只有把握好文艺发展和市场经济的关系，才能立得住，走得远，留得下。

（刊发于2022年5月28日综合版）

筑牢童书安全防线

随着全民阅读深入人心、"双减"政策落地，儿童阅读需求不断上升，童书市场迎来井喷式发展。然而，琳琅满目的童书良莠不齐，一些"问题童书"为孩子成长埋下隐患。为了给孩子挑选合适的书籍，有用心良苦的家长专门整理出"排雷书单"。有的书中存在明显常识性错误，甚至连最基本的文字准确都难以保证。有的书中存在血腥暴力、暧昧色情等少儿不宜内容，就像无形的"毒药"侵蚀孩子的精神世界。

给孩子读的书应该是最好的书。从这个角度说，儿童读物的出版更应该"取法乎上"，遵循最高质量标准。虽然童书有着内容浅显和篇幅较短等特点，但决不意味着可以放松标准。

我国每年出版的少儿图书品种超过400种，总出版量位居世界第一，已成为图书零售市场中最大的细分市场。随着直播、短视频等新的营销方式层出不穷，加速产品淘汰速度，让出版社面临更大的研发压力。很多出版机构为了迎合市场，甚至专门研发直播定制书和"流量书"。出版业心浮气躁，把童书做成快消品，这种现象值得警惕。

从源头防止童书"埋雷"，需要每个环节都筑牢责任意识。对童书写作者来说，不仅要有爱心和责任心，还要树立正确的世界观、价值观，以及和孩子"等高"的视角。儿童读物有自己的语言体系和讲故事的方式。近年来，我国童书数量爆发式增长，但是，是不是真的有那么多合格的写作者？这恐怕还要打上一个问号。

童书出版需要向专业化方向发展。我国现有专业少儿出版社30多家。随着市场需求增长，少儿出版的队伍不断壮大。目前全国583家出版社，参与少儿出版的已经超过550家。童书正在从原来的专业出版演化为大众出版。童书出版有必要设立严格"门槛"。童书出版应当需要认定资质、配备专业编辑，目前在这方面尚有欠缺。建议从事童书出版的机构聘请心理学、教育学、出版学等相关领域专家共同把关，为儿童读物筑牢安全防线。

儿童"雷"书中还有一种"雷"是雷同。目前市场上很多童书内容大同小异，只是换了个名字或者换了个出版社。像四大名著、安徒生童话这样的经典更是众多出版社的支柱产品。令人遗憾的是，近年来，童书市场鲜有现象级原创新作，聚焦时代、畅想未来的作品更是凤毛麟角，这也暴露出童书创新乏力的问题。童书出版不只是一块诱人的蛋糕，更是一项神圣的使命。为孩子讲好故事，提升童书品质任重道远。

（刊发于2022年6月6日综合版）

长视频平台盈利靠什么

近期，爱奇艺首次实现季度盈利的消息引发业界赞叹。经过不懈努力，在连续亏损12年后，爱奇艺今年第一季度首次实现了季度盈利。在当前疫情反复、行业冲击的大背景下，无论是视频平台还是电视媒体都面临巨大生存压力。爱奇艺破局突围，对提振整个行业信心具有重要意义。

盈利一直是长视频行业的难点、痛点。特别是近年来，由于监管收紧、资本离场、疫情影响、经济下行、短视频冲击等多种因素叠加，爱奇艺及其所在的长视频行业面临前所未有的困难。对此，国家广电总局多措并举为企业发展分忧解难：深入企业面对面进行政策宣讲和业务调研；指导重点网络视听平台于春节期间联合创作播出《中国梦·我的梦——2022中国网络视听年度盛典》，促进全社会对网络视听高质量节目品牌的认可；对一些重点项目，从创作导向、内容题材、上线排播等方面提出专业指导意见；定期传达文艺创作精神，分析创作中存在的问题，提前预警提示，规避风险；对受疫情影响制作周期紧张的创新节目、重点节目开设审查绿色通道，让节目播出更加高效；持续打击非法节目，有力维护网上正常节目传播秩序，保护了节目版权方的合法权益……这些"及时雨"解企业之忧、纾企业之困。

政策给力是一方面，企业自身努力才是根本。从财报来看，今年一季度爱奇艺会员服务营收45亿元，同比增长4%；日均订阅会员数1.014亿人，较去年四季度净增440万人；月度平均单会员收入为14.69元，同比增长8%。可见，爱奇艺盈利主要依靠头部内容拉动会员增量。一季度，《人世间》《心居》等优质内容、爆款剧集吸引了大批付费会员。企业通过策略评估，加大了对"聚焦国民精神，展现大众生活"题材影视作品的研发投入，以匠心打造精品，提高内容质量。事实证明，这一策略对于吸引会员十分奏效。头部内容是长视频平台会员和广告收入增长的驱动力，也是提升用户和会员忠诚度的密码，坚持为优质内容投入终有回报。

实现盈利还得益于企业"难"则思变。面对内外环境变化挑战，爱奇艺调整策略，降本增效，大胆关掉或剥离无价值、低价值的业务，全力聚焦内容主业。爱奇艺的策略调整也给其他文化企业带来了有益启示：过去一味追求市场份额和高速增长的道路是行不通的。有舍才有得，在当前经济形势下，降本提质增效应该成为每个企业的必修课。

其实，爱奇艺最应该感谢的还是用户真金白银的大力支持。近年来，随着国民收入水平提高，人们对高质量文化产品需求旺盛，为内容付费的习惯逐渐养成，优质文化产品市场潜力巨大。用户虽然嘴上抱怨"涨价"，眼睛却很"识货"。从市场表现来看，每次出现精品影视内容，观众都十分买账。只有让好内容得到好回报，平台才有动力拿出源源不断的好作品回馈观众。

正因如此，爱奇艺更要加倍珍视自己用优质内容构建起来的核心竞争力。爱奇艺应该保持战略定力，继续加大内容投入。试想一下，一季度如果没有《人世间》等爆款剧集支撑，爱奇艺的会员还能稳住吗？爱奇艺后续盈利能否持续、向好发展态势能否巩固，关键还是要看优质内容输出是否稳定。

（刊发于 2022 年 6 月 11 日综合版）

直播《茶馆》旨在觅更多"知音"

5000万,这个数字是北京人艺话剧《茶馆》最新一场演出的观众人次。在北京人艺70周年院庆纪念活动中,8K录制并在线直播的话剧《茶馆》吸引了高达5000万人次进入直播间,在全网掀起了线上看话剧热潮。

受时空限制,话剧一直是门小众艺术。这次北京人艺以线上直播方式拓展剧场边界,让很多此前没有机会走进剧场的观众大饱眼福。一方面,这次北京人艺直播的多场话剧都是炉火纯青的经典佳作,以《茶馆》为例,每次"开张"总是一票难求,直播让观众足不出户就欣赏到"天花板"级艺术盛宴,十分难得。另一方面,直播能取得理想效果离不开背后先进数字技术的支持。70周年院庆版《茶馆》首次采用8K技术录制,通过高清实时直播向全网观众完整呈现,大大提升了观众的参与感和沉浸体验。

既然直播话剧有人气,技术也逐渐成熟,未来有没有可能成为演出市场的"新常态"呢?坦率地说,直播这种形式虽然可以使话剧艺术得到更大范围的传播,但话剧的真正魅力还在舞台现场。虽然国外有戏剧电影,但多数影片只不过是具有一种与舞台剧相似的结构,并不是直接把舞台作品搬上屏幕。话剧三要素是演员、舞台和观众,缺一不可。只有坐在台下,观众才能感受演员细腻的表演,

文体市场面面观

同时,观众与演员产生的互动也促成了话剧独一无二的艺术魅力。

另外,线上演出的商业模式还未真正走通。虽然疫情之下演出市场纷纷尝试"云端"转型,但目前来看,线上演唱会这种大众演出也很难通过卖票实现盈利,更何况相对小众的话剧。目前,线上演出的变现方式除了门票,还有广告和品牌冠名。但这类情况主要表现在知名度较高的艺人身上,冠名商只有在艺人影响力足够大的情况下才会一掷千金,像话剧这样的小众艺术尚不具备如此强大的商业号召力。值得期待的是,文化和旅游部已发布关于推动数字文化产业高质量发展的意见,专门提出要培育云演艺业态。在政策引导下,对于一部分演出机构来说,"云演出"将成为进一步试水的新空间。

北京人艺这次直播虽然是免费的,但是通过线上直播为剧场"引流",拉近大众与艺术的距离,为话剧寻觅更多"知音",其社会意义不可小觑。同时,北京人艺在宣传上联合各权威媒体、直播平台等形成合力,通过跨越空间限制的直播形式也拓展了剧院的知名度。下一步,"上线"应是文化产业必须学会的本领。如何发挥线上交流互动、引客聚客、精准营销等优势,这条路值得文旅行业深入探索。

无论哪一种艺术形式,要想更好生存和发展,都需要培养自己的"知音"。不可否认,戏剧演出的受众群体仍然有限。即便是在北京、上海这样文化氛围浓厚的城市,仍然有很多小型剧场长期面临亏损、上座率不足等困难。这些问题也体现出我们在话剧推广和观众培养上的欠缺。疫情之下,演出机构都需增强在"云端"联系观众的能力,通过多种传播形式把艺术的种子播撒到观众心里,或可将线上流量转化成疫情之后的票房增量。正如《茶馆》直播中一直播《茶馆》旨在觅更多"知音"

些观众的留言所说:"待到疫情散去,一定要去现场看一场真正的话剧!"

(刊发于2022年6月19日综合版)

电影续集别丢了口碑

随着《侏罗纪世界3》在内地公映,电影市场大盘时隔100多天重回亿元级别。然而令人遗憾的是,该片上映以来,口碑遭遇"滑铁卢",豆瓣评分只有6.3分,成为"侏罗纪"系列电影中口碑垫底之作。有观众"吐槽"说,大恐龙不是来救市的,而是来圈钱的。

美国好莱坞电影之所以热衷于拍续集,是因为拍续集既赚钱又安全。电影公司不愿冒原创影片带来的票房风险,更愿意把资金投入具有一定知名度的影片续集。毕竟,知名影片自带流量,营销推广费用相对低,综合效益也更大。以续集的形式对首次成功的电影进行复制与衍生,成为好莱坞电影工业的惯用"套路"。以"续集大户"漫威来说,《钢铁侠》等电影续集都比首部利润更高。美国环球影业的金牌IP《速度与激情》系列从第一集一直拍到了第九集,投资方获得了惊人的票房回报。

其实,拍续集是一把"双刃剑"。一方面,前作已经形成一定的品牌效应,比起新电影,续集在营销上有一定优势;另一方面,由于前作的成功,观众对续集期望值更高,一旦无法超越前作,不仅观众会失望,还会透支原作品牌,削弱IP价值。《侏罗纪世界3》虽然凭借热度被市场寄予厚望,但是影片叙事断裂、剧情俗套、毫无新意，给观众留下狗尾续貂、创新乏力之感。可见，电影续集即便名气再大，如果没有带来全新的观影体验，观众照样不会买账。

续集要有好口碑好票房，必须把内容创作放在首位。把每一部续集都当成"第一部"来创作，既是对原作的尊重，也是对市场负责。国产影片《战狼2》之所以能超越前作，成为现象级爆款，正是因为其敢于开拓国际视野，体现人文情怀，进一步拓宽了主旋律题材的内涵和外延。《流浪地球》成功后，不少观众呼吁导演乘势而上，抓紧拍摄续集。但导演没有被市场热度冲昏头脑，而是花4年时间沉淀自己，静下心来梳理故事、做观众调研，精心打磨剧本。目前，续集《流浪地球2》已于青岛杀青，影片在故事层面会有更多科幻立意，更侧重情感描写，特效制作也更加精致，这份"升级配方"也让这部电影备受观众期待。

拍续集是中国电影工业走向成熟的必修课。随着中国电影市场逐渐成熟，国产电影续集创作的题材和类型越发多元，呈现主动化、多样化与规模化的趋势，很多电影从筹划阶段就已经做好了拍摄续集的准备，这一点值得肯定。不过，并不是每部成功的电影都适合拍续集，有些电影需要给观众留下想象空间。此外，国产电影缺少像"侏罗纪"这样的国际IP，在连接世界观众等方面，中国电影还有很多需要学习之处。

（刊发于2022年6月26日综合版）

内容付费应提高质量"门槛"

在视频平台 B 站（哔哩哔哩），发布视频的人被称为 UP 主。近日，B 站试水内容付费，一位 UP 主上传了售价 30 元的首部 10 集付费作品，可"粉丝"们并不买账，甚至纷纷"脱粉"。这件事引发了网友对短视频是否该收费的讨论。

对于此次事件，不能怪"粉丝"有抵触情绪。在目前 B 站已有会员机制的情况下，消费者为什么还要额外花钱呢？如果不给付费节目制定更高标准，难免会有"割韭菜"的嫌疑。这次"粉丝"对付费节目的不满主要有两方面原因：其一，节目内容偏娱乐，没有知识类节目的含金量高；其二，与长视频相比，无论是制作精良程度还是信息密度，短视频都要大打折扣，并不值得花钱。可见，在消费者心里，衡量短视频是否值得付费，关键还是内容为王。如果短视频内容缺乏专业性或独特性，就算"真爱粉"也不会盲目消费。

不过，对内容付费的商业模式，消费者也不应一概排斥。应该看到，短视频创作者获取收益无非靠内容付费或广告。免费内容势必增加广告，从而影响用户体验。内容付费是支撑创作者持续高质量产出的原动力，高质量视频产品越来越多，最终受益的还是消费者。

从创作端看，生产优质短视频不能光靠"爱"发电，更需要真金白银支持。如今，UP主成为很多年轻人向往的新兴职业。一些人只看到UP主动辄拥有百万"粉丝"的光鲜一面，却看不到他们创作的不易。短视频从选题、文案、拍摄到剪辑，每个环节都耗时耗力。如果没有稳定的收入，很难保证持续产出，UP主通过内容付费开拓增收渠道无可厚非。

事实上，内容平台从赔本赚吆喝发展到靠作品赚钱，是越来越"健康"的表现。国内短视频平台快手、抖音去年就开始尝试短剧付费模式，允许用户向内容制作者"打赏"，帮助拥有大量"粉丝"的创作者将内容商业化。UP主是B站最关键的"护城河"，在网络视听平台盈利难的大背景下，B站也在帮助UP主探索稳定的商业模式，最终实现平台、用户、创作者三方共赢。

内容平台在探索中前进，消费者应以更加包容的心态看待。同时，平台也要设身处地为用户着想。虽然年轻群体更愿意为兴趣埋单，但俘获他们的心并不容易，"粉丝"变现也不是一朝一夕之功，唯有用精益求精的创作态度，才能获得他们发自内心的认同和支持。

（刊发于2022年7月3日综合版）

票房黑马靠的不是运气

要说今年暑期档电影最大的黑马，《人生大事》当之无愧。该片上映以来凭借超高口碑连续15天夺得票房冠军，截至7月8日，累计票房突破10亿元大关。《人生大事》突出重围，为正在复苏的电影市场注入了一针强心剂。

《人生大事》的成功存在着偶然性与必然性。说偶然，是因为这部丧葬题材的影片原本是为清明档"量身定制"的，因为疫情才不得不延迟至暑期档放映。冷门题材虽然具备黑马潜质，但并不契合暑期档热闹的观影氛围，究竟能不能"跑"出来，谁都没有底气。好在疫情之后刚刚回暖的电影市场竞争并不激烈，除了好莱坞"大恐龙"之外，市场暂无大体量头部影片，这给《人生大事》争取了更多空间。

说必然，是因为物以稀为贵是市场经济的基本规律。一直以来，国内影视作品几乎无人触碰殡葬题材，在生与死的话题上进行深入探讨的影视作品也寥寥无几。《人生大事》的出现填补了国产电影题材的又一块空白，这种创新和尝试本身就是吸引观众的最大优势。由于影片质量较高，口碑助推票房一路走高。

《人生大事》之所以叫好又叫座，是因为它表面披着殡葬外衣，本质上讲述的还是最能引起观众共情的亲情故事。近年来，从《送你一朵小红花》到《你好，李焕英》，再到《人生大事》，聚焦家庭情感的影片都取得了不俗的票房成绩和口碑，这类影片赢在一个核心能力上，就是懂得如何用好故事戳中观众的泪点。

押中黑马也需要独具慧眼的伯乐。站在《人生大事》背后的是横店影视、联瑞影业等多家具有一定投资经验的企业。无论是《你好，李焕英》还是《人生大事》，影视公司以小搏大，频频押中爆款的经验再次印证一个道理：与其将票房希望放在流量明星和超级IP上，不如去押一个实实在在的好故事。

电影投资周期长、风险大，特别是当前电影市场在疫情之下呈现出一定的增长"瓶颈"，资本对于影视行业的投资更加谨慎。但是，无论进入后疫情时代的中国影市如何转变，电影"内容为王"的本质要求不会改变。

观众也在不知不觉中扮演着伯乐的角色。近年来，影企越来越会利用社交媒体、大数据分析对舆情进行标准化统计和规范化解读，并将这种分析研判应用于影片创作。《人生大事》这类题材之所以能吸引观众，正是因为影企敏锐地捕捉到观众审美口味的变化：同质化的剧情和空洞的内容已经让观众产生审美疲劳，影视作品反映现实的需求正在回归。今后，随着中国电影走向工业化越来越成熟，观众不再是单纯的消费者，口碑将重塑电影产业格局。

黑马突围靠的不是运气，而是实力。真诚走心地讲好故事，是电影成功的密码。电影是心灵的艺术，只有沉下心来探索作品和观众之间的情感连接，才能走得更远。

（刊发于2022年7月9日综合版）

飞盘与足球的场地之争有解吗

最近，关于足球和飞盘的场地之争在网络上引起热议。自去年全国多地掀起"飞盘热"之后，许多城市的足球场上出现了飞盘的身影。前几天，全国飞盘联赛又明确提出比赛将在足球场进行，这让很多热爱足球又一场难求的人感到"很受伤"。

飞盘真的占了足球的地盘吗？这个话题跟几年前讨论广场舞和篮球争场地如出一辙。这种观点本身就带有"傲慢与偏见"。足球具有"世界第一运动"的美誉，飞盘也展现了"盘不落地、永不放弃"的运动精神，二者没有高下之分。更何况在国际上，飞盘项目已在争取纳入2028年美国洛杉矶奥运会，发展这项运动的价值和意义不言而喻。

公共场地遵循利用率为上的原则，人数多的活动具有优先使用权。如果是商业化场地，谁使用则是市场行为。据一些球场运营商反映，足球球队一般是固定时间包场，飞盘的订场时间则更灵活。从某种程度上说，飞盘运动不是抢地盘，反而"盘活"了足球场地资源。

飞盘与足球的场地之争反映出我国运动场地供给不足的问题。据国家体育总局2019年发布的全国体育场地统计数据，截至2019年底，全国有354.44万个体育场地，其中足球场地10.53万个，是三大球类运动中场地最少的。飞盘运动需要平整、宽敞、柔软的场地，这让本就紧俏的足球场又多了一群竞争者。场地设施是开展运动的物质基础和必要条件。破解飞盘与足球的场地矛盾，关键是要解决城市运动场地短缺的问题。

首先，统筹谋划，超前布局，破解场地供给不足。飞盘运动刚刚兴起，需求陡然增多，但场地不是一天建成的。我们今天看到的绿茵场，大部分都是几年前城市规划的产物。虽然国务院《关于加快发展体育产业促进体育消费的若干意见》明确提出要鼓励在城市绿地、闲置地等区域建设足球场，但是城乡规划法等相关法规又明令禁止擅自改变城市规划用地用途。建设足球场应提前做好规划布局，避免陷入"违规建筑"的尴尬。园林、城市管理等相关部门可加强沟通协调，共同破解城市足球场地设施建设项目"周期长、协同差"的难题。

其次，深挖资源，因地制宜，破解场地布局不优。在荷兰、日本等土地资源紧张的国家，楼顶球场已经有了现成范例，我国北上广深等一线城市也可借鉴先进经验。广东深圳为破解城市空间不足的问题，充分利用闲置资源，在污水处理厂上方建设了以足球为主题的福田海滨生态体育公园。下一步，城市可充分利用社区周边空闲地、公园绿地、河滩地、路桥附属用地等"边边角角"，结合实际情况灵活建设场地。此外，在建设中还要考虑不同群体的个性化需求，为各类人群提供多元化的场地设施。

其实，足球局抢不到场地还有一个原因，那就是飞盘入门"门槛"低，覆盖人群广，在组局方面更为灵活，因此飞盘俱乐部在商业化运营方面也更为活跃。但足球爱好者中却有很多落单散兵，苦于找不到"组织"而"抱球兴叹"。我国民间足球俱乐部、社团还要

文体市场面面观

不断提高服务水平，让足球爱好者有机会结识新的球队、扩大朋友圈，这也是促进足球产业更好发展的关键。

（刊发于 2022 年 7 月 23 日综合版）

文旅项目切忌盲目加杠杆

国家 5A 级景区陕西省宝鸡市法门寺文化景区最近比较烦，原因是其背后的操盘者陕西法门寺文化发展有限公司因多笔融资租赁债务违约，引发舆论关注。从表象看，新冠疫情对公司经营有较大影响；从更深层原因分析，债务危机主要还是前期建设景区投入过大所致。

法门寺景区的困境并非个例，在当前经济环境不确定性上升、资本市场去杠杆等多重挑战下，文旅项目须量力而行，切忌盲目加杠杆。

法门寺拥有世界上独一无二的舍利子遗存，是珍贵的文化资源。但是小庙难引大流量，宝鸡市依托法门寺再建人造公园，是想吸引更多游客，让文化资源发挥更大经济效益。资料显示，法门寺景区最早运营方是西安曲江文化产业投资集团。曲江模式的实质是"政企合作、文化搭台、地产唱戏"。大雁塔、大明宫遗址公园等无一不是通过文旅项目带动周边地产升值，再通过地产反哺旅游业发展。

曲江模式曾经给当地文化产业带来前所未有的改变，这一模式在西安能够奏效，复制到宝鸡会不会水土不服？从地理位置看，法门寺景区距西安市 110 公里，距宝鸡市 90 公里，由于地处偏僻，通过文化品牌带动当地房产升值空间有限。从旅游服务功能上看，人造公园只能是对现有文化资源的补充，而超值、过大的人造景观，不仅造成资源浪费，还会给寺庙文化带来负面影响。法门寺景区过度商业开发，削弱了人们对千年古刹的认同感。一旦游客热情退去，最终留下的可能只是一堆缺乏灵魂的建筑。

文旅项目的开发，文化必须唱主角。特别是在新时代、新需求下，文化旅游市场已告别粗放型、同质化的开发阶段，由高速增长转向高质量发展。过去一些景区缺少文化内涵，在规划上贪大求全、建设上大拆大建，已经不符合当下文化旅游市场的发展需求。

值得注意的是，疫情缓和后，有的地方政府推出重振文旅市场政策礼包，对文旅开发释放利好信号。不少文旅投资企业也想抓住文旅项目抄底的机遇期，上马新项目。从目前地方披露的文旅投资项目看，大多集中在康养小镇、文旅综合体、文化旅游街区等热门领域。对此，有必要提醒相关从业者和开发商，对于大型景区建设项目，应因地制宜，科学规划，全面考量，谨防盲目上马、同质化建设等问题。

对于开发商而言，栽下梧桐树，还要育好梧桐树。文旅产业已经进入存量竞争阶段，以运营为导向、资源整合、精细化运营的开发模式将是未来发展的主基调。下一步，文旅项目如何借助文化力量创造价值，增强自我造血功能，还需要文旅平台放长眼光，精耕细作。

对地方政府而言，须对自身资源价值、市场情况、政策支持条件等有清晰客观认知，刻意放大发展条件的做法并不明智。发展文旅产业是创造城市价值、实现经济转型、提升城市形象的关键所在，只有真正打磨出有内容有特色的文旅项目，才能实现各方共赢。

（刊发于2022年8月7日综合版）

电影市场需要什么样的科幻大片

这个暑期档，电影市场刮起科幻风。影片《独行月球》上映10天总票房就突破20亿元。此外，《明日战记》《冲出地球》《外太空的莫扎特》等不同类型的科幻题材都对票房贡献不小。可以看出，电影市场对科幻题材期望很高。

比票房数据更令人欣喜的是，越来越多的电影人尝试在作品中融入科幻元素。以《独行月球》为例，尽管有人说它不够科幻，但不可否认，整部影片科技元素丰富，特效和场面壮观，显示了国产电影的创作实力和巨大潜力。特别是影片把科幻和娱乐很好结合，是对科幻题材的深入探索，也是电影类型多元化的一次创新尝试。

暑期档电影市场的科幻热看似异军突起，实则是厚积薄发。其背后是国家综合实力、科技水平的增强。特别是以航天事业为代表的高精尖技术迅猛发展，为国产电影科幻题材创作提供了有力支撑。

科幻电影的发展还得益于政策扶持。2020年，国家电影局、中国科协印发了《关于促进科幻电影发展的若干意见》，提出10条政策措施。在政策支持下，科幻电影创作迎来黄金机遇期，有望成为电影高质量发展的重要增长点和新动能。

科幻热背后是国产电影技术水平不断提升。《独行月球》全片特效镜头近2000个，占全部镜头的95%以上，没有高、精、尖的软硬件技术实力作支撑，就无法带给观众新鲜震撼、身临其境的观影体验。科幻电影的发展带动了电影技术水平全面提升。

科幻热背后是中国电影工业实力不断夯实。《独行月球》为了模拟真实的月球表面，在6000平方米的影棚中铺设200吨沙石模拟月面粉尘，100%实景搭建月球基地。影片中的月球车融入了材料学、机械学、工业设计等多个领域的智慧。随着我国电影工业化水平进步，从灯光到服化、道具，从前期拍摄到后期制作，已经逐渐形成一套严格的标准和专业人才体系，为建立更为良性的产业生态打下坚实基础。

科幻电影是电影类型中的重要分支，拥有广阔的市场空间。过去一段时间，受投资规模、制作能力、技术水平、创作经验等方面的制约，我国电影市场科幻题材相对匮乏。相比国外每年层出不穷的科幻大片，中国的科幻电影无论是质量还是产量都有较大差距，尤其是缺少颠覆性、具有社会影响力的爆款佳作。中国电影要大规模走向国际市场，一定要补齐科幻电影这块短板。

科幻电影够不够"硬核"，不仅取决于技术高度，更取决于思想艺术高度。我国电影产业越来越成熟，在技术水平和工业化方面突飞猛进，下一步，还须增强软实力。一方面，为电影市场输送懂科学的人才。不仅编剧、导演等电影人要提高科学素养，还要建立科幻电影科学顾问库，吸纳专家院士和科技工作者参与进来，在创作上形成科学严谨、敢于想象、大胆创新的良好氛围。

另一方面，中国科幻电影必须坚持"本土化"的创作道路。简单模仿国外，照搬西方模式不可能有持久生命力。《独行月球》中"大难之下仍有大爱"的故事情节是中国情怀的动人体现；《流浪地球》通过传递中国价值观和对于人类共同未来的理解赢得了海外市场的认可。科幻电影蕴含着对生命、宇宙、未来的思考，这些人类共通的语言如果能与中国文化、科学相结合，一定会碰撞出绚烂的火花。

（刊发于 2022 年 8 月 20 日综合版）

职场综艺可发挥更大社会价值

关于职场的话题自带"热搜体质"。诸如"内卷""00后整顿职场"等一出现总能迅速占领各大社交平台的热榜。与此同时，职场综艺也是各大卫视和视频平台的"主力军"，像《初入职场的我们》《令人心动的offer》《闪闪发光的你》都是近两年综艺赛道涌现出的爆款。

职场类内容为什么总能火？这与当前严峻复杂的就业形势不无关系。疫情冲击、经济承压、技术更新，就业压力有所加大。大众对就业相关问题保持高度敏感，职场综艺也因此受到更多人关注。

热门题材往往也容易变成社交平台上争夺流量的"战场"。在社交媒体上，一些关于职场的讨论为了获取流量、吸引眼球，贩卖焦虑，放大裁员风波，炒作"996""007""35岁"等话题；还有一些节目以揭露行业或社会潜规则为幌子，实则是为了满足观众的猎奇心理。这些只追求短期爆款效应而忽视真正社会意义的节目，不仅浪费观众的时间，也背离了综艺节目的公共价值。

当你看职场综艺时，你在看什么？实际上，一些职场综艺因较为真实地展现了当下年轻人的职场境遇，能够引发大众对一些公共话题的探讨。比如近期在江苏卫视播出的《闪闪发光的你》投行季中，就有"工作饭局中如何高效聊天""如何避免团队内耗""年轻人该先就业还是先择业"等多个话题登上热搜。职场综艺就像一面镜子，观照社会现实，再通过准确把握和拆解社会痛点，输出正向价值观。这种让大众产生强烈共鸣的社会效果，是任何营销手段都换不来的。

这代年轻人是知识焦虑的一代，就连休闲娱乐也希望能顺便"涨知识"，因此，"知识"含量高的综艺节目深受市场青睐。《闪闪发光的你》投行季选择了一个专业"门槛"较高的行业，为了确保节目在专业性上站得住脚，节目组邀请的嘉宾都是金融学者、财经作家、教育行业创业者等业内人士，给有志加入这个行业的年轻人上了一堂生动的就业培训课。节目还通过有针对性的内容设置，还原真实的职场生态，毕业生们能从中学习到正确的职场观念和技能，为促进大学生就业发挥了积极作用。

职场综艺还可以发挥更大社会价值。比如央视总台已经推出三季"国聘行动"，聚合央企、国企和民企的头部就业资源，吸引各行业优秀企业参与直播宣讲、积极与各高校对接求职需求，为毕业生带来众多就业岗位。

职场综艺不只是职场人的舞台。面对更有法律意识、更讲究平等的新一代职场人，企业也要学会主动"接招"。比如，当代年轻人更注重情绪价值、更重视维护自己的权利，类似无故加班、职场歧视等现象应该引起用人单位的高度关注。在江苏卫视与BOSS直聘联合出品的《老板不知道的我》中，老板和员工打破上下级壁垒平等对话，重新定义职场关系，最终提升企业的运行效率。这样的节目理念对打造健康职场生态起到积极作用。

当前，市场上的职场综艺大多瞄准的还是那些自带光环的高知、高"门槛"职业，选择的实习生往往也都有一张精英化的脸谱。其

文体市场面面观

实，还有很多职业值得进一步开拓挖掘。乐见职场综艺关注更多平凡岗位，展示更多奋斗者的精彩人生。

（刊发于2022年8月20日综合版）

理性看待影业"钱荒"

在近日举办的北京国际电影节上,吴京吐槽《流浪地球2》的经费不足了。这两年,包括《长津湖》在内的多个头部项目在拍摄过程中都不同程度地遇到资金紧张问题。"中国电影今天正面临一个特殊时刻,尤其需要金融资本的支持。"中国电影评论学会会长饶曙光这一判断引发业界关注。

过去那个"财大气粗"的行业怎么就变成"困难户"了呢?这可能与最近几年行业加强监管、线上文娱内容分流等因素有很大关系。特别是疫情暴发以来,线下文娱行业遭受较大冲击,资本对影视行业投资更加谨慎。资金短缺导致很多新项目搁浅。根据国家电影局公示的电影备案立项信息,今年前3个月,备案的影片比去年同期下降17.52%。电影市场供给不足,影响的是整个产业链。

破解影业"钱荒"困局,关键是要让资本恢复信心。中国电影市场的基本面没有改变,这是中国电影重获资本青睐的底气。国家电影局数据显示,去年我国全年电影总票房高达472.58亿元,票房和银幕总数占据全球第一位。这10年,中国居民收入水平不断提高,文化需求不断升级,今年暑期档的票房表现有力证明,观众没有离场,电影仍然是百姓心中具有一定影响力的文化娱乐形式。《长津湖》《你好,李焕英》《人生大事》等票房口碑双丰收的作品一次又

文体市场面面观

一次证明中国电影的创作实力。电影市场需要拿出更多优质内容增强资本方信心,在疫情防控常态化的背景下,电影行业一定会迎来新的发展机会。

电影产业具有链条长、不确定因素多、风险不可控等特点,这是资本对电影项目却步的原因之一。中国电影目前仍是以导演为中心的创作体系,有的导演工作起来比较"任性",超期、超资等问题比较常见,这从侧面说明中国电影工业体系尚不成熟。在电影工业化成熟的国家,会利用一些融资性担保产品控制风险。从剧本到预算再到导演台本等各方面都清清楚楚、明明白白。中国电影也要抓紧补上防控风险这一课,让电影项目做到成本可控制、风险可管理、收益可预期,资本才能放心大胆投进来。

愿投、敢投,还要会投。过去,一些不懂电影的资本方抱着投机心态进入行业,像押宝一样押IP、押流量明星,大制作、大宣发,大把砸钱最终赔得血本无归。资本的盲目性和趋利性也给电影产业造成一定伤害。资本回归理性,电影才会回归内容。尊重行业规律,正确处理社会效益和经济效益,以优质内容为导向才是投资影视项目的正确打开方式。

中国影企也在借助资本市场进入发展快车道。近期博纳影业集团成功上市,为当前电影产业注入了一针强心剂。以此为契机,资本进入影视行业的积极性将大大提高,对促进电影行业复苏将会起到积极作用。

从长远看,电影产业面临的困难是暂时的,未来发展空间仍是巨大的。政策给力,行业自律,资本助力,中国电影一定能打赢翻身仗,再创佳绩。

(刊发于2022年8月27日综合版)

"空档期"考验影院精细化运营能力

热闹的暑期档落幕，在等待国庆档的日子里，电影市场进入相对平静的"空档期"。对于正在过紧日子的电影院来说，热门档期有多热闹，"空档期"的平静就有多焦虑。

"空档期"焦虑并非无病呻吟。这两年，受疫情等因素影响，传统院线面临前所未有的压力和挑战。据报道，拥有全球第二大院线的英国"电影世界"集团考虑在美国申请破产保护。危机之下，甚至有人对电影院的未来发出了这样的悲观论调：我们是否还需要电影院？

答案自然是肯定的。如今的电影院，早已不只是放映、欣赏电影的场所，同时也是人们休闲社交的去处。到影院看电影已经成为不少人的节日消费"标配"。老百姓在观看电影的同时，还会产生其他消费，带动周边餐饮、娱乐等业态发展。从回归电影本身的角度看，很多精心制作的特效大片专为大银幕而生，那种沉浸式观影体验是线上娱乐和手机小屏无法获得的。

疫情扼不住电影业的喉咙，但疫情之下暴露出的传统院线的一些短板，也值得深思。过去10年，电影市场高速发展，引来大量业内外资本竞相涌入影院赛道。摊子越铺越大，经营理念却没有与时俱进。我国电影院数量已经位居全球第一，但单块银幕票房和人均票房贡献仍然偏低，反映出我国影院规模与效率之间存在矛盾。未来，电影院发展拼的不再是扩张速度，而是精细化运营能力，传统院线洗牌整合很可能加速。因此，要走出"空档期"焦虑，传统院线还需要练"内功"，挖潜力，想办法让"空档期"热起来、忙起来。

只依靠一年几个重要档期不是健康的发展模式，有必要进一步提升电影院的时间和空间利用水平。放映音乐会、体育赛事等非电影内容是一些发达国家影院收入的主要来源。除了传统业务之外，在影片供应相对不足的市场环境下，国内一些电影院正在尝试"影院+"战略，通过剧本杀、脱口秀等不同业态与影院结合，提升影厅利用效率，为影院创收。电影院还可以围绕电影内容做文章，提供增值服务，进一步增加社交属性。比如，筹办电影节、沙龙等活动，策划交流会、影迷见面会等，电影周边活动不仅能为电影院聚人气，也有助于发掘电影的衍生价值。

传统院线也可以各美其美，避免同质化竞争。过去，每逢热门档期，各大影院集中放映相同的片子，档期一过又陷入无片可放的尴尬期。要看到，老百姓的文化需求是丰富多样的，传统院线可以结合我国电影观众消费行为多样化的特征，走差异化发展战略。探索形成点播院线、艺术院线、校园院线、区域院线等共同发展的发行放映格局，做大非节日市场，促进消费升级。

还可以在提高科技含量上下功夫。电影产业应对多屏竞争，必须全方位提升大银幕品质。传统院线要加快科技创新步伐，抢占技术创新高地。10年来，我国院线技术不断升级，从2D到3D，如今已经能为观众提供4D、IMAX银幕、杜比影院等多种银幕选择。《"十四五"中国电影发展规划》明确提出，要加快电影特效技术发展。在做大做强已经形成优势的电影科技自主品牌的同时，有必要加强对5G、120帧、实时3D裸眼系统等最新领域技术的探索应用和发展布局。

有观点指出，传统院线要充分把握互联网技术，推进线上线下一体化产业模式升级，聚焦会员进行深耕，提供社区式服务扩展。这种线上线下共同发展的超级院线模式，有望成为未来新的发展方向。

（刊发于2022年9月3日综合版）

"3.5亿人在线观看"是良好开端

上周,一场"3.5亿人在线观看"的演唱会震动全网,创造了线上演唱会流量新巅峰。不过,除了"顶流艺人""打情怀牌"等讨论之外,更值得关注的是,通过举办线上演唱会,各大平台正积极储备技术能力,推动未来舞台转型升级。

疫情加速了线上演出产业发展,经过两年多探索,线上演唱会已不再仅仅是线下的"替代品"。传统演唱会本身就有其发展的局限性,比如低价次座位无法看清偶像,热门歌手演唱会一票难求等。线上演唱会有效弥补了这些缺憾,成为更加高效、便捷、经济的观演新形态。

从表面看,线上演唱会是各家平台的流量竞争,背后是技术实力的较量。受疫情影响,线下演出全面停摆,各平台纷纷通过技术创新布局线上演出,得以让包括演唱会在内的各类演出通过互联网走进大众生活。为更好满足观众需求,平台积极破解技术痛点。如今,线上演唱会掉线崩溃等情况已经少有发生,在清晰度和稳定性等方面越来越游刃有余。在最近举办的几场线上演唱会上,"粉丝"还解锁了横屏观看等功能,舞台的声光电效果也更加讲究,这些细节的优化都是技术创新的成果。

新技术的拓展足以令人对未来舞台报以更高期待。在"内容+

"3.5亿人在线观看"是良好开端

科技"的融合下，线上演唱会的观看体验将不断优化，演出内容也将被重新定义：虚拟现实和全息技术，能营造身临其境的沉浸感；虚拟数字场景拍摄可以让未来演出不再受到舞台限制；云技术能够打破时空局限，让身处不同物理空间的观众实现面对面互动；还有一些更为先进的技术手段可以呈现线下空间难以实现的场景。对平台而言，大型线上演唱会已经不是一场简单的直播，而是未来舞台的探索。

前不久印发的《关于推进实施国家文化数字化战略的意见》提出，发展数字化文化消费新场景，大力发展线上线下一体化、在线在场相结合的数字化文化新体验。政策利好为演出产业发展带来新机遇。传统舞台艺术应该积极拥抱科技并进行大胆探索和创新，顺应线上演出这一新业态需求，以充满科技感的文化供给不断增强人们的文化获得感。

当然，再好的技术也是为内容服务的。数字技术只是媒介，文化创造才是内容的源泉。比如线上演唱会，在打出情怀牌之后，还需要内容源头的持续创新。只有通过不断生产优质内容、吸引用户、集聚更多优质内容创作者，才能真正形成线上演出生态的良性循环。

目前，线上演唱会还处于初级发展阶段，现在讨论商业模式和盈利问题为时尚早。不过有一点可以肯定，线上演出透出大众对多元文化消费的旺盛需求，是一片充满想象空间的蓝海。现阶段，各平台应沉下心来苦练内功，用技术创新筑牢竞争壁垒。一场"3.5亿人在线观看"的演唱会只是一个良好开端，真正的大戏还在后面。

（刊发于2022年9月10日综合版）

骑行运动怎样才能更"上道儿"

既低碳环保又锻炼身体的骑行运动,近段时间颇受人们青睐。随着骑行热不断升温,从社交平台到新闻媒体,纷纷关注"卖爆了"的自行车市场。很多消费者有体会:高端运动型自行车价格水涨船高,从三五千元到上万元。即便如此高价,还是出现了一车难求的现象。这不免让人好奇:骑行热潮能否持续?

虽然热度"破圈",但从实际情况看,骑行运动在国内仍然相对小众。毕竟骑行受季节和气候影响较大,而且随着电动平衡车、电动滑板车等新兴玩物不断涌现,自行车的热度很可能会受到冲击。

眼下这波骑行热让不少人很"上头":自行车生产厂家跃跃欲试,打算扩大产能;消费者也很迫切,越是得不到越想拥有。这里面,固然大部分都是真正的骑友,但也不乏一些装备爱好者。这些人购买高端豪华装备并非出于对骑行的兴趣爱好,而是为了晒朋友圈而"买买买"。这种跟风、攀比的不理性消费行为非但不可持续,反而会给行业添虚火。

骑行热带动装备热,对体育装备市场来说是好事。但当抢购自行车的人回归理性,如何为骑行爱好者提供高质量、多元化的服务才是支撑这项运动健康发展的关键。

好车要有好路。延续骑行热,不仅要关注自行车等装备"硬件"，还要关注骑行赛道、自然环境等"软件"。有骑友吐槽，一些城市非机动车道被占用、城市立交桥下不能骑行，以及"断头路"、停车难等诸多问题严重影响了骑行体验。要让骑行运动真正普及，这些都是城市管理者应该注意并加以解决的问题。下一步，要加强骑行道路设计、完善停放网络等基础设施，满足骑友需求。

如今，"为一项运动赴一座城"已成为年轻一代消费新趋势。刚刚过去的中秋假期，千岛湖环湖骑行、西安古城墙骑行等成为一些旅游平台上颇受热捧的路线。骑行热为城市旅游打开新思路，各地要抓住契机，深挖当地文旅资源，开发更多具有吸引力的骑行路线，用独特风景吸引更多骑行爱好者。

配套服务也要跟上。研究显示，在一条商业街铺设自行车道，该街道食品零售额会随之增长。在国内一些城市，骑行路线附近的美食门店往往生意兴隆。相对骑行运动对城市消费的拉动力而言，一些城市在为骑友提供配套服务方面显露出短板。要满足骑友多样化消费需求，还应在吃、住、玩等配套服务上多下功夫。

没有"软件"支撑，骑行运动就难有持久生命力。想要延续骑行热，不能只盯着自行车本身，加快高端制造业与现代服务业的深度融合，才是发展现代体育产业的长远之计。

（刊发于2022年9月17日综合版）

体育品牌为何卖起了咖啡

继李宁推出"宁咖啡"后,又一家知名体育品牌特步也在积极申请"特咖啡"商标。企业跨界做咖啡早已不新鲜,中国石油、中国邮政等央企都已布局咖啡赛道。不少人认为,咖啡赛道已经够拥挤了,体育品牌何必再来凑这个热闹?

如果说中国石油、中国邮政等企业布局咖啡业务的核心优势在于邮局、加油站庞大的网点规模,那么李宁、特步等体育品牌试水咖啡业务恐怕是"醉翁之意不在酒",而在咖啡背后的主力消费群体——年轻人。调查显示,目前国内咖啡爱好者主要为年龄在20岁至40岁的城市中等收入群体,咖啡消费逐渐成为年轻一代的文化符号,并呈现日常化、刚需化的趋势。如此看来,体育品牌做咖啡生意并非简单搞副业,很可能是希望通过咖啡的社交属性与年轻人建立连接,打破消费者对品牌的刻板印象,探寻品牌年轻化的新路径。

体育品牌卖的不仅是咖啡,更是服务。近年来,为应对电商冲击,线下门店各出妙招提高自己的服务质量、优化顾客的购买体验。如今,年轻人的购物需求不只是"买买买",还很重视消费场景。体育品牌在线下门店卖咖啡,能够满足年轻消费者逛街购物的延伸需求,提升购物体验。因此,拓展咖啡业务可以看作体育品牌提升零售终端消费体验的一次创新尝试。

体育品牌为何卖起了咖啡

卖咖啡也是体育品牌流量运营策略的有益探索。"宁咖啡"出道以来，不少年轻人把李宁线下门店作为"网红"打卡地，在社交平台晒一杯"宁咖啡"成为时尚。咖啡作为一种有效的营销手段，增强了品牌的话题性、传播度和关注度。

随着"Z世代"成为消费主力，越来越多品牌在年轻化的道路上不断探索。近年来，国产体育品牌呈现年轻化趋势，密码就是抓住了年轻人的消费心理。不过也要看到，咖啡香气固然可以吸引年轻人，但真正让他们驻足停留的还是让人眼前一亮的产品。

其实，年轻人更愿为运动品牌的专业性埋单。体育品牌还应进一步加大对前沿材料、专业技术的研发投入。近年来，李宁、安踏、特步等国产运动品牌在新产品开发、搭建创新平台等方面均有突破，但与国际知名体育品牌相比，依然存在不小差距。国产体育品牌要走向高端市场，必须在专业性、功能性和可靠性等方面精耕细作，不断提升产品竞争力。

体育用品要加强对潮流风尚的捕捉。当年耐克、阿迪达斯之所以能风靡全球，除了质量过硬，设计理念新潮、更符合年轻人审美也是重要原因。前几年，国内体育品牌抓住国潮风，将产品设计与传统文化相结合，也出现过爆款。不过，品牌要想有持久生命力还需要更多内涵支撑，要加强市场调查研究，不断推陈出新，让产品既展现东方美学、又积极吸收世界潮流精华，如此开放包容才能俘获年轻人的心。

作为体育品牌，不关注年轻人喜欢的运动恐怕迟早会被消费者抛弃。如今，滑板、滑雪、飞盘等小众运动备受年轻群体青睐，这些新项目的许多装备市场大部分被小厂商占领，原因是知名品牌的产品线布局一般会提前两年，很可能赶不上市场最新潮流。追赶市场潮流不一定都忙着去"卖咖啡",着眼体育用品需求,以快应变,以高效灵活的发展战略适应瞬息万变的市场,国产体育品牌才能获得年轻人的持续青睐。

（刊发于 2022 年 9 月 25 日综合版）

乐见中国网络文学"走出去"

据外媒报道，中国网络文学作品首次被收录至英国国家图书馆的中文馆藏书目。英国国家图书馆是世界上最大的学术图书馆之一，一般会根据书籍的价值选择藏品，这说明网络文学已经成为中国乃至世界不容忽视的文化现象。

近年来，我国网络文学充满想象力、感染力的高质量作品正逐渐增多，在海外的美誉度也越来越高，这种改变从何而来？

第一，网络文学不断从博大精深、底蕴深厚的中国文化中汲取养分。曾经一段时间，网络文学的创作灵感主要来自中国的远古神话，题材多以玄幻、仙侠、言情等为主。近年来，欣欣向荣的时代风貌和人民群众的创新创造鼓舞网络文学创作者勇敢尝试现实主义题材。《2021中国网络文学蓝皮书》显示，2021年的中国网络文学中，现实题材作品存量超过130万部，不断拓展的题材不仅丰富了当下读者多元化阅读选择，也为网络文学创新发展开辟了新路径。

第二，更加灵活的商业模式为网络文学繁荣发展提供了不竭动力。据不完全统计，网络文学创作者每天的创作总量超过1.5亿字，是什么支撑创作者如此高产呢？除了热爱，还有稳定的收入来源。根据网络文学作品改编的电影、电视剧、网络剧走红大小屏幕，网络文学IP改编的影视作品也为作家带来了不菲的版权收入。通过IP

运营不断延伸产业链，极大促进了网络文学的内容生态持续繁荣。

网络文学走向高质量发展是作者与读者互生共长的结果。《中国互联网络发展状况统计报告》显示，网络文学"Z世代"群体正在崛起，无论是作家还是读者都呈现年轻化趋势。年青一代更加注重文化产品的质量和内涵，套路化、模式化、粗制滥造的作品将来很难再有生存空间。网络文学发展必须从追求数量转变到重视质量上来，在精神能量、文化内涵、艺术价值等方面不断突破，赢得年轻读者的喜爱。如何彰显时代特色、紧跟读者阅读趋势，已成为下一阶段网络文学高质量发展的必答题。

网络文学作品进入英国国家图书馆也与其近年来海外影响力不断扩大有关。2021年，中国作协发布的《中国网络文学国际传播发展报告》指出，中国网络文学共向海外传播作品1万余部。不少海外读者不仅痴迷阅读网络文学，甚至走上了创作道路。网文出海不仅成为中国文化"走出去"的新亮点，也成为产业发展的新增长点。

总之，网络文学已成为世界级文化现象，潜力巨大，不容忽视。行业应坚定文化自信，树立精品意识，力争培养一批能在全球范围内产生巨大经济效益的超级IP，让中国故事绽放异彩。

（刊发于2022年10月1日综合版）

给电影"餐桌"加点开胃小菜

这个国庆假期你去看电影了吗？如果关注电影市场就会发现，今年国庆档主旋律类型的电影似乎更为集中：《万里归途》《平凡英雄》《钢铁意志》，虽然题材不尽相同，但主旋律更加彰显，正能量更加充沛。

从内容方面看，硬气、聚气、提气构成了今年国庆档影片的主基调。主旋律影片更契合国庆观影氛围，是国庆档当仁不让的主力军。《万里归途》是继《战狼2》《红海行动》之后的又一次"中国式撤侨"；《平凡英雄》则是继《中国机长》之后的又一次"极限救援"；《钢铁意志》聚焦共和国第一代钢铁工人，是继《我和我的父辈》之后又一部致敬先辈的作品……不可否认，这两年主旋律电影越来越好看，票房与口碑实现双丰收，这背后是中国故事的创新表达，是中国电影工业水准的创新高度。

与此同时，也要看到人民群众的精神文化需求是多元化的，单一类型的影片并不能满足整个市场。比如，喜剧、亲情、现实等类型的优秀影片还不够多，反映出电影市场供给侧还不够丰富。

从创作端看，目前国内电影市场存在影片种类少、类型重复、创新乏力等问题。如果把电影市场比作餐桌，老百姓既需要主菜大餐，也喜欢开胃小菜。与主流商业大片能最大限度调动最广泛人群

文体市场面面观

观影诉求不同，那些小众题材、个性化的艺术表达、前卫的镜头语言往往能丰富观影体验，进而带动观众观影频次。

从放映端看，在以商业院线为主的发行放映体系中，大片往往会获得大规模排片，而大多数中小成本的电影，特别是一些文艺片、纪录片却面临放映空间狭小的窘境。院线排片垄断化、科学性不足等问题已经严重制约电影市场发展，久而久之，也会导致创作端畏首畏尾，不敢创新。

我国银幕数量已经位居全球第一，8万多块大银幕足够容得下类型更丰富的电影。当前电影市场主要依赖年轻人支撑消费。实际上，基数庞大的中老年、儿童等人群也需要精神文化消费。如何满足人民群众多样化、多层次、多方面的精神文化需求是今后影院经营乃至电影产业发展的关键。未来，随着电影类型不断丰富，电影放映端也需要不断创新，拓展诸如文艺院线、资深影迷院线、儿童院线、夕阳红院线等，为百花齐放的电影市场提供良好的硬件支撑。

中国故事丰富多彩，内容创作可以瞄准多个赛道。近两年，小众题材《人生大事》《扬名立万》不都是在激烈的市场竞争中突出重围的票房黑马吗？电影产业"十四五"规划提出，电影发展要努力实现每年重点推出 10 部左右叫好又叫座的电影精品力作，每年票房过亿元国产影片达到 50 部左右。这个目标并不遥远。电影产业只要围绕观众需求进行差异化布局，大力发展题材、风格、类型均衡，丰富多样的电影生产，就一定能吸引更广泛的受众群体，在未来市场竞争中脱颖而出。

（刊发于 2022 年 10 月 8 日综合版）

抓住"在线观赛"市场机遇

如今,越来越多体育迷选择在社交媒体、短视频平台上在线观看体育赛事。近日,继哔哩哔哩、快手首次加入美国职业棒球赛2022季后赛直播阵营后,微博也成为中超联赛官方社交媒体平台,引发网友关注。

流媒体平台为什么成为体育赛事的传播阵地?最直接原因是互联网技术的进步。伴随移动网络的提速降费以及智能手机的普及,短视频、直播等行业迎来飞速发展。5G、云计算、高清4K等技术也为直播画面的实时性、清晰度提供了强大支撑。可以预见,技术进步将使更多体育迷转向线上观赛。

流媒体平台为体育爱好者带来个性化观赛体验。传统媒体在单一选择机制下,不能很好满足观众对赛事解说多样化的需求。在北京冬奥会期间,一些流媒体平台凭借个性鲜明、深入浅出的解说频频"破圈"。平台能发挥新媒体优势,挖掘体育达人、"网红"主播等参与解说,通过爱好者自发参与,增加赛事趣味性,也让观众对解说服务有更多选择。

观看比赛是一种分享式体验,随着年青一代体育爱好者的成长,他们对体育赛事的需求不再满足于围观,更希望参与。流媒体平台的弹幕、留言等功能增强了用户的临场感和参与感,而弹幕也有利于赛事形成持续热度。

体育赛事IP蕴藏巨大的商业价值，是体育产业链条上的关键环节。因此，众多国际知名互联网企业纷纷布局体育赛事转播。体育传媒市场的变化对平台和赛事来说都是重要机遇。一方面，借助流量巨大的新媒体平台，可以扩大体育赛事的收视数据，从而扩大赛事IP的商业价值。另一方面，平台也需要更多优质的赛事去丰富内容矩阵，实现美誉度与知名度齐飞。

不过，顶级体育赛事的转播权价格高昂。近年来，流媒体平台一掷千金购买体育赛事版权，热门赛事能带来平台的瞬间曝光，但随着赛事结束，平台很可能陷入"人走茶凉"的尴尬境地。由于对赛事版权的商业开发不足，也导致平台投入大、变现难。从长远看，平台只有将流量红利转化为商业红利，才能保持对赛事版权的持续投入，走向可持续发展的道路。例如，在版权合作的基础上，平台可以进一步挖掘赛事衍生内容，开发体育赛事周边等，满足体育爱好者更多元的需求。

我国体育产业已显现出巨大市场潜力和发展空间。在线观赛蓬勃发展有助于点燃全民运动热情，把握这个机遇，无论是对平台还是相关企业而言，都一定能实现商业价值和社会价值的双赢。

（刊发于2022年10月15日综合版）

动画版《三体》能否满足市场期待

千呼万唤始出来的动画版《三体》终于官宣定档。消息传来，相关话题讨论迅速登上各大主流社交媒体热榜。为什么观众对动画版《三体》抱有如此高的期待呢？这其中既有原著小说流量加持，更有市场对高质量国创动画的深层次需求。

有媒体预测，动画版《三体》很有可能成为一部爆款。信心从何而来？当然是寄希望于《三体》这一超级IP能够赋予动画片超能力。作为中国科幻小说界的顶流，《三体》的影视化一直备受瞩目，和《三体》相关的影视作品动向都会引起国内"三体迷"的热烈讨论。动画技术的进步点燃了《三体》影视化的希望，正如原著作者刘慈欣所说，动画和科幻小说都是想象力的艺术，动画特别适合展现科幻小说的内容和意境。

动画在我国拥有庞大的受众群体。但是一段时间以来，市场主要被国外动画垄断。随着《西游记之大圣归来》《哪吒之魔童降世》等一批制作精良的国创动画产生叫好又叫座的社会反响，市场掀起了一阵"国漫崛起"的热潮，人们对国创动画的关注也达到新高度。近年来，在市场驱动和政策加持下，我国动画创作与生产呈现良好态势，在产量和质量方面稳步提升。但与美日韩等动画生产大国相比，我国动画市场仍然缺少真正意义上的"现象级"作品，高质量

文体市场面面观

国创动画还远远无法满足旺盛的市场需求。即便头顶流量光环，动画版《三体》要想真正满足观众期待，还要下一番真功夫。

首先，坚守内容为王。热门 IP 也需要精耕细作，不能搞"拿来主义"。高价购入、改编粗糙的热门 IP 在市场上"塌房"的例子比比皆是，不仅透支了热门 IP 的品牌价值，也破坏了观众的美好期待。热门 IP 改编应牢固树立精品意识，既尊重原著，又有所创新，才能在同期作品中脱颖而出，得到市场认可。

其次，在高质量特效上有所突破。观众对动画版《三体》的期待是对中国动画技术水平的考验。从《西游记之大圣归来》到《哪吒之魔童降世》，近年来涌现的国创动画佳作都与新技术在动画制作领域的应用密不可分。动画特效、动作捕捉、实时渲染等技术如何展现文学作品中奇幻壮丽的场景？《三体》动画能否依托新技术创造国创动画的新高度？观众期待动画版《三体》给出精彩答案。

最后，要深入研究市场需求。从一些动漫周边产品的热销可以看出，当今观众对国创动画的喜爱不再是浅尝辄止，"粉丝"更愿意用真金白银支持自己热爱的 IP。我国动漫衍生产品的开发明显滞后于动画的播映，从而难以产生两者互相促进的宣传效应。因此，动画制作企业与动漫衍生产品开发企业要形成紧密合作，一方面满足"粉丝"对动漫衍生品的旺盛需求、增强"粉丝"黏性，另一方面也有助于拓展国创动画的市场空间。

经过多年发展，动画在我国的受众群体已经发生改变，动画产业也从低幼产业逐渐发展为全龄产业。大众审美是多元的、用户需求是多样化的，相关企业应抓住市场机遇，创作出更多独具个性的作品来回应不同年龄群体的期待。

（刊发于 2022 年 11 月 6 日综合版）

虚拟健身何时走进百姓家

可自由选择骑行场景的虚拟单车、和虚拟教练直接对话的智能健身镜、锻炼身体就像玩游戏一样的VR健身游戏机……今年"双11",虚拟健身设备成为不少消费者的"心头好"。让消费者倾心的不只是足不出户就能实现"健身自由"的营销卖点,更是一种健康时尚的生活方式。

近年来,从健身直播火爆到轻食食品热销,年轻人越来越重视"健康"。新冠疫情催生"宅经济"发展,居家健身已经成为年轻人的主流运动方式之一,不受空间限制的虚拟健身设备市场潜力巨大。

健身界有一句名言叫"自律给我自由"。自律路上最大的绊脚石是什么?答案很可能是"枯燥"。虚拟健身瞄准这一痛点,通过丰富有趣的虚拟场景帮助运动者对抗训练"疲倦期"。虚拟现实技术还降低了一些小众运动的参与"门槛"。比如,VR冰雪运动突破地域限制,滑雪"小白"足不出户就能体验飞跃崇山峻岭的速度与激情;划艇比赛不再需要真实的水域、码头和赛艇,虚拟赛艇能够让爱好者原地不动享受"畅划"大江大河的乐趣。

虚拟健身受追捧不仅仅是因为"好玩"。此前有机构发布的报告显示,在"年轻人运动路上最大的困扰是什么"这一问题上,"工作忙,没时间"选项排名第一。虚拟健身正是顺应了年轻人快节奏的

文体市场面面观

生活方式，满足了消费者碎片化的健身需求。

健身市场虚拟化趋势值得关注。前不久发布的《虚拟现实与行业应用融合发展行动计划（2022—2026年）》提出，体育健康将成为虚拟现实重点应用领域。更早之前国务院印发的《全民健身计划（2021—2025年）》也提出，要提供全民健身智慧化服务，支持开展智能健身、虚拟运动等新兴运动。大量政策利好描绘了虚拟健身产业的美好未来。不过，从实际需求出发，虚拟健身要真正走进寻常百姓家，实现大众化应用，还需要"软硬兼施"，进一步提高产品的性价比。

从硬件看，目前虚拟健身产品最大的槽点就是装备笨重，如何让装备更轻便，佩戴更舒适，不仅考验中国制造的能力，也关乎虚拟健身的发展后劲。从软件看，高品质内容是虚拟现实产业高质量、可持续发展的动力。打造更多沉浸式的新体验、新场景将成为产品核心竞争力。

从长远看，虚拟健身真正实现大规模应用还有必要考虑价格的合理性。就拿前阵子流行的智能健身镜来说，最贵的价格已经达到上万元，要体验升级服务还要另外付费，让消费者大呼"我不配"。看来，价格"门槛"已经成为阻碍市场进一步发展的壁垒。

年青一代的消费观正逐渐回归理性，从最初为好奇、尝鲜埋单将会慢慢转变为更实际的应用需求。产品创新、技术研发最终还是要回归物美价优的价值逻辑。好消息是，随着VR产品迭代和技术升级加快，已经有多个品牌的VR一体机开启降价促销模式，相信虚拟现实装备价格下调将进一步激发消费潜力，为产品闯市场赢得更广阔的发展空间。

从智能家居到家用机器人再到如今的虚拟健身设备，数字化技术为更多行业带来颠覆性改变，一大批新奇、有趣、硬核的新产品新服务不断涌入市场。面对瞬息万变的市场竞争，产品如何创新才能立于不败之地？最终还是要紧紧围绕满足人民群众对美好生活的新需求做文章。

（刊发于 2022 年 11 月 13 日综合版）

电影产业淡季不能甘于"躺平"

最近,电影市场因个别影片票房太"冷"上了热搜。数据显示,某影片上映首日票房仅为75元,让人不禁倒吸一口凉气,导致一些舆论认为,"影业寒冬真的来了"。

国庆档后贺岁档前,历来是电影市场的淡季。这两年,受疫情影响,观众在节假日之外时段的观影热情不高,电影市场淡季和旺季的界限越发明显。档期效应加剧让很多大成本的商业片纷纷瞄准国庆、春节等热门档期,非节假日就只剩下一些缺乏市场竞争力的"弱片"硬撑。

"弱片"扎堆让电影市场淡季更淡。数据显示,11月份上映的6部影片中,有5部影片票房低于10万元。一些影片题材缺乏关注度,剧情平淡乏味,就连海报也透着粗制滥造的气息,低质量导致低口碑,反映到市场上就是低票房。

别看票房惨淡,但对于片方来说,生产"弱片"并不一定是赔本生意。一些"弱片"之所以义无反顾冲入院线,可谓醉翁之意不在酒。长期以来,拿"龙标"、进院线代表了高品质,影片只要奋力进影院"一日游",就有望在网络平台卖个好价。有些影片通过合理营销、植入广告,不仅能收回成本,甚至收获颇丰。

"弱片"的存在看似只是往平淡的市场里添了一碗白水,但长远看，却会削弱整个电影市场文化产品的供给质量。

"弱片"充斥大银幕，破坏了观众对院线电影的美好期待。随着流媒体的发展，观众的文化娱乐有了更多选择，对大银幕的期望值也越来越高。把原本瞄准网络平台的作品简单地搬上大银幕，观众只会毫不犹豫地用脚投票，让不走心的电影尴尬离场。这两年，电影市场观影人次下滑加剧就从一个侧面说明，影片质量与观众期待之间存在一定差距。

"弱片"扎堆也对电影市场造成了伤害。据统计，2021年中国电影影片总产量为740部，上映新片481部，票房过亿元的只有43部，大部分影片"默默无闻"，能够打动人心的精品更是寥寥无几。长此以往，观众会失去进电影院的兴趣。

电影行业要实现健康良性发展，必须从注重数量的粗放型增长向注重质量的集约型增长转变。否则，不仅大量新片无法分享我国电影市场银幕增长的红利，影院也会因为缺少优质内容支撑而陷入经营危机。

如今，人民群众的精神文化需要已经从"有没有"向"好不好"转变，不断提升文化产品的品位和档次才是电影产业走向复苏的驱动力。《扬名立万》《人生大事》都是在淡季时杀出的票房黑马，为电影市场注入了生机和活力。这说明，即便在淡季，电影产业也不能甘于"躺平"，反而更应该拿出好作品打动观众。还要看到，随着很多中小成本的商业类型片逐渐转战网络电影市场，会给一些优秀的艺术片、文艺片腾出更多院线电影市场的生存空间。"弱片"离场后，电影市场亟须一批高品质、好口碑的作品重振信心。

（刊发于2022年11月20日综合版）

把握观赛经济新商机

卡塔尔世界杯激战正酣。国际足联预计，本届世界杯将会吸引全球超过 50 亿观众观看。观赛经济持续升温，使相关行业迎来发展新机遇。

沉浸式观赛需求旺盛，VR 市场方兴未艾。在本届世界杯期间，VR 一体机成为深受球迷追捧的看球新装备。开赛首日，京东 VR 眼镜成交额同比增长 430%。值得关注的是，作为拥有此次赛事转播权的新媒体平台，字节跳动早在一年前就收购了 VR 创业公司 PICO，加强 VR 领域战略布局。本届世界杯，PICO 全程直播 64 场赛事，深受广大球迷喜爱。世界杯期间 VR 装备销售火爆，说明消费者对沉浸式娱乐体验有需求，但 VR 想要走向更广泛的大众市场还需更多优质内容去触达。VR 市场前景可期，相关企业如果能顺势而为，深耕用户体验，提升装备性能，布局内容板块，将会不断满足消费者对新式娱乐体验的需求。

在线"聊球"热火朝天，具有社交属性的网络平台大有可为。随着世界杯的到来，在知乎、小红书、哔哩哔哩等平台上，世界杯相关话题吸引了大量球迷参与讨论。知乎针对卡塔尔世界杯主动设置议题，引导网友从体育、科学、人文、历史等不同角度开展讨论，体现了内容平台的专业态度。B 站用户围绕"整点不一样的足球""其实我也是球迷"等话题在站内掀起讨论热潮，增强了球迷观赛的娱乐性。小红书上线"世界杯球评大会"，烘托社区聊球的热烈氛围。巨大流量背后蕴藏巨大商机。如何用好"流量红利"，怎样把"流量"变"留量"，成为社交平台值得思考的问题。

露营经济升温，"露营＋世界杯"成为球迷观赛新场景。赛事期间，不少商家推出露营装备出租、搭建户外巨幕投影、世界杯优惠套餐等多元化服务，充分释放露营经济发展潜力。"露营＋世界杯"走红从一个侧面反映出，随着露营爱好者不断增多，露营消费个性化、深度化趋势更加凸显。深挖市场需求，不断拓展"露营＋景区""露营＋演艺""露营＋亲子教育"等新模式，露营产业将开辟更大发展空间。

从"观赛经济"升温可以看出，随着生活水平不断提高，人民群众对美好生活的需求日益广泛。相关领域如果能敏锐捕捉消费市场的新需求，利用新技术，推出新服务，打造新业态，不仅可以在赛事热度存续期间实现效益最大化，更有机会在这波消费升级的浪潮中抢占先机。

（刊发于2022年11月26日综合版）

深挖潜力催热露营经济

近段时间，露营话题热度不减。从"围炉煮茶"到"户外看球"，露营休闲的新场景、新话题层出不穷，从形式到内容不断丰富拓展。一顶顶帐篷撑起了大家对美好生活的新期待，也提振了消费新活力。

露营经济的背后，是一条长长的产业链。链条的上游是营地选址、建设和经营，中游是旅居车、帐篷、服装、生活用品等装备的生产制造，下游则联通吃、住、游、购、娱等多元消费场景，每一个环节都蕴藏着可以深挖的潜力。把握露营产业链上的新商机，有利于提升全产业链整体效益，推动行业迈向高质量发展。

丰富露营装备产品体系。近年来，随着消费升级，露营逐渐进入大众视野。以"精致露营"为例，就满足了消费者既能体验自然野趣、又能享受高品质生活的多元化需求。一次精致露营需要备齐天幕、帐篷、小家电等一系列装备，这对制造业企业来说是新机遇。国内一些露营装备企业近几年发展迅速，生产的一些高颜值、高性价比的户外用品很适合拍照"打卡"。不过，在帐篷等硬核装备上，国内品牌的竞争优势不是十分明显。相关装备生产企业可以此为契机，丰富产品体系，优化产品结构，提高产品质量，不断提升品牌的市场竞争力。

深挖潜力催热露营经济

打造多点开花的露营地。无论是露营的火热，还是飞盘、骑行的走红，都充分说明大众渴望亲近自然、追求绿色生活方式的需求始终存在。不过，与旺盛的市场需求相比，我国露营地总体数量偏少，不能满足消费者日益增长的户外休闲需求。选择露营地的眼界应该更加开阔，可以鼓励城市公园用好空闲地、草坪区或林下空间。除了寻找美丽的自然风光，还要符合人们彰显个性、追求独特的消费心理，比如萤火虫露营、烧烤露营等加速出圈，就展现出营地精细化运营的优势。另外，与露营经济发展成熟的国家相比，国内大多数露营地还存在服务不完善、基础设施缺乏等问题。下一步，国内露营地经营者要在提升服务质量上下功夫，推动露营地规范化、规模化经营。数据显示，目前我国共有超4万家露营地相关企业，大部分企业的盈利模式还停留在出租营位、收取门票的初级阶段。单一的盈利模式难以支撑露营地长远发展。对于消费者来说，"安营扎寨"只是第一步，经营者要不断拓展"露营+"的想象力，将露营与研学、演艺、体育等内容相结合，挖掘露营产品的文化内涵，打造露营产品独一无二的吸引力，破解露营地同质化竞争难题。

文化和旅游部等14部门近日印发了《关于推动露营旅游休闲健康有序发展的指导意见》。在政策助力下，行业规模有望跃升至万亿元级乃至更大市场。经营者应认真研究消费者需求，助其更好享受露营活动，将露营经济发展成为供需"双赢"的好生意。

（刊发于2022年12月4日综合版）

微短剧靠什么赢得观众喜欢

最近一段时间，单集不超过10分钟的微短剧深受观众喜爱。数据显示，今年仅快手平台的微短剧日活跃用户便增长到2.6亿；芒果TV单部微短剧播放量超6亿。弹幕上那些"不过瘾""没看够"的呼声道出了观众的期待，也预示行业正在加速奔赴更美好的未来。

微短剧快速发展并形成规模是市场规律使然。如今，年轻人生活节奏加快，休闲娱乐的时间呈碎片化趋势。数据表明，用户在短视频上停留的时间越来越长，长剧集对年轻观众的吸引力有所下降。越来越多的观众开始倍速追剧，也从一个侧面反映出人们对节约时间、高效娱乐的新需求。实际上，观众抛弃的并不是长剧集，而是厌倦了那些冗长乏味的"注水剧"。体量轻、节奏快、时长短的微短剧就如同影视大餐中挤掉水分、高度浓缩的新品类，凭借环环相扣、引人入胜的剧情，迎合了年轻观众的审美需求。

微短剧是长视频平台降本增效的重要抓手。在影视行业盈利难的大背景下，视频平台既要确保内容、投资和营销支出的整体运营效率，又要为用户提供有吸引力的内容和卓越的服务。投资小、见效快、风险低的微短剧就像轻骑兵一样，发挥了"以小博大"的市场效果，成为影视产业发展的新增量。随着一大批长剧集制作公司、院线电影公司、网络电影公司纷纷布局微短剧，微短剧集的质量得到极大提升，市场也将从爆发式增长进入精细化运营新阶段。

伴随微短剧走红的还有另一种声音。有人将其比作"电子榨菜"、文化快餐，暗指这类文化产品内容浅薄、缺乏营养，不利于培养、提高观众审美品位。事实上，在消费升级的大背景下，"榨菜""快餐"的品质也在不断升级，食材选择、品质口味、营养搭配都越来越讲究。一些微短剧之所以能赢得市场认可，恰恰说明其时长虽短但内容不短，制作"门槛"虽低但质量标准不低。短剧之"短"，贵在短小精悍、丰富灵活、以小见大。在短视频流行的时代，不好看就"划"走的用户使用习惯对制作者提出更高要求。剧情"1分钟10个反转"的玩法也倒逼制作者在时间把握上更精准，在剧情设定上更紧凑。没有大制作大场面，就更需要制作团队精耕细作，用心用情赢得观众认同。

微短剧产业发展火热、前景看涨，其存在的问题同样不容忽视。市场上有部分剧集为了博取流量打"擦边球"，剧情虚假浮夸、题材低俗猎奇，引起观众反感。平台应加强内容审核和安全管控，让微短剧与网络影视剧执行同一标准、同一尺度，引导推动行业健康长效发展。目前，微信、抖音、快手等平台都已针对微短剧创作传播问题，制定了相关平台规则，强化价值导向、规范传播秩序、打击不良内容和账号。良性、有序、健康的发展环境将有助于行业驶入快车道、跑出加速度。

虽然微短剧发展势头强劲，但至今还没有一部真正意义上的爆款诞生。不过，在观众、行业和资本的共同推动下，微短剧有望进一步提质升级，走精品化路线。站在整个文化市场的角度来看，微短剧的叙事方式也会为传统影视带来一些有益启发。剧集无论长短，都是人们的精神食粮，都是文化生活中不可或缺的一部分。二者如能取长补短、互相促进，定将更好推动文化市场繁荣发展。

（刊发于 2022 年 12 月 11 日综合版）

创新应成电影产业主攻方向

12月16日，影片《阿凡达2：水之道》（以下称《阿凡达2》）登陆全国各大院线后，不仅在票房与口碑方面收获颇丰，而且其中所展示的电影高科技手段也引发了人们对电影产业该如何创新发展的讨论。

从拍摄制作的角度看，《阿凡达2》在拍摄技术上实现了多个"首次"：首次实现脸部电脑特效精确捕捉，首次使用虚拟摄影机，首次将3D摄影机与2D摄影机结合，首次将3D摄影机与虚拟摄影机结合……新技术的应用让《阿凡达2》在视觉效果上与第一部相比有了更大突破，沉浸感也大大增强。有观众表示："3个小时看的全是高科技。"

从放映端看，《阿凡达2》上映考验中国影院放映品质。此次，包括普通3D、IMAX 3D、杜比影院、CINITY 3D、中国巨幕等全版本模式齐上阵。其中，具有我国自主品牌和知识产权的高新技术格式电影放映系统CINITY与《阿凡达2》进行了深度绑定。透过CINITY巨幕，无论是碧绿幽蓝的海底幻境，还是巍峨壮观的悬浮山峰，都变得更加真实且震撼。这正是CINITY一直期待通过一部视效大片来充分展现其视听效果的原因：借助《阿凡达2》，将更加有助于推广CINITY这一国产巨幕品牌。

文体市场面面观

这几年，由于流媒体发展和疫情的双重压力，电影市场面临前所未有的冲击。《阿凡达2》热映给电影市场注入活力的同时，也给我们带来了启示：科技创新应成为电影产业主攻方向。

一是要善用科技手段讲好中国故事。当年《阿凡达》上映，极大拓展了中国电影的想象空间，导演张艺谋呼吁建立国家级电影3D技术重点实验室，为我国电影事业培养复合型技术人才。新时代，中国导演不断尝试运用新科技，制作更高品质的电影回馈观众。电影市场也涌现出《流浪地球》《刺杀小说家》《长津湖》等特效制作达到国际较高水平的国产影片。未来，中国电影要进一步提质升级，除了坚持文化自信，也应该多学习借鉴《阿凡达》这类具有创意和科技含量的作品，推动我国电影产业高质量发展。

二是要科技引领银幕技术创新升级。《阿凡达》在中国上映后，成功掀起IMAX影厅观影热潮。国内影院纷纷以此为契机改造升级银幕，IMAX在中国迎来高速发展。如今，在电影放映环节，中国已经相继在影院巨幕系统、激光放映、3D立体放映系统等领域取得技术突破，一批具有自主知识产权的国产放映设备走向国际市场。从一些影片的预售情况来看，特效厅票价虽高，但销售情况却好于普通影厅。这说明，随着中国观众的消费能力不断提高，更倾向于为沉浸式视听体验埋单。未来，大银幕应对多屏竞争，电影走向更高消费"门槛"，都离不开银幕技术不断创新升级。只有让观众在电影院里看到与其他视听平台截然不同的影像，电影市场才能重回昔日繁华。

三是要通过科技创新助力电影强国建设。科技进步对国产电影的拍摄、制作、放映等各个环节都产生了深远影响，今天的中国电影从拍摄制作到放映技术都已经发生了深刻变化。但也要看到，我国电影的全球影响力与电影强国相比还有很大差距。以美国为例，科技创新一直在潜移默化地促进其科幻电影的发展，如《星际穿越》《火星救援》等科幻大片正是科技创新能力在电影产业的突出表现。我国电影产业由大向强，也需要坚持内容与科技融合，让科技在电影产业中发挥更大作用。

我国电影科技虽起步晚，但潜力大。科技创新必将助力中国电影形成新动能、新优势，让大银幕的魅力精彩绽放。

（刊发于2022年12月18日综合版）

运动品牌高端化须修炼"三力"

最近，三夫户外计划拿下意大利某高端登山鞋品牌在中国地区的独家代理权。此前，安踏已经拥有多个国际顶级运动品牌，李宁在收购之路上也一次次展现大手笔。国产运动品牌对海外名牌的追逐愈演愈烈，说明在消费升级、国潮兴起、全民健身等多重利好因素下，越来越多国内运动品牌不再甘心做"平替"，而是加速冲击中高端市场。

运动品牌之所以敢"冲"，一方面是看好中国市场潜在增长空间。数据显示，2020年在体育及相关方面进行消费的人群比例达到96%，人均消费超过4000元。随着我国人均国内生产总值迈上1万美元台阶，体育用品市场潜力加速释放。另一方面，对企业来说，收购也是提高品牌含金量的有效途径，通过收购高端品牌可以直接获得品牌价值以及技术优势。不过，运动品牌走向中高端不能光靠"买买买"，让体育消费更有活力、更可持续还须不断修炼"三力"。

一是技术实力。运动用品具有较强的功能属性和科技属性，产品质量直接关乎消费者的健康和安全，消费者选择运动用品越来越看重其科技含量。运动品牌走自主创新之路，要不断加强新材料、新技术、新设备在体育用品制造领域的应用，加大产品设计生产和研发投入。应鼓励企业与高校、科研院所联合创建户外运动用品研发制造中心，通过资源共享、创新要素优化组合、重大科技任务牵引等手段，提高核心技术自主研发能力，推动新兴技术从实验室走向生产线。

二是产品亲和力。国产品牌应该更懂得中国消费者。如今，国内越来越多女性群体参与运动，对精致装备提出更高要求；年青一代消费者要潮要酷，更青睐能彰显个性的产品；在一些专业性较强的运动中，还缺少入门级产品；等等。这些需求端的变化，都需要企业改变过去分类不够细化、针对性不强的产品供给方式，按照特定人群、特定运动项目的特点不断创新。企业发展要摆脱对单一产品的过度依赖，不断挖掘中国户外爱好者对体育用品的新需求，为产品设计提供源源不断的灵感。

三是品牌服务力。一些运动品牌正在加速向服务业延伸，通过支持体育赛事、提供运动用品体验等丰富多彩的活动，进一步提升品牌形象。从产品制造到体育服务是进一步贴近大众体育需求的表现。体育用品制造业如今正处于转型升级的关键节点，运动品牌探索"制造＋服务"全产业链布局，是体育用品制造业迈向高质量发展的必然选择。

在消费升级的大环境下，"薄利多销""低价竞争"的打法不可持续。运动品牌走高端化路线是战略升级的需要，走好这一步也能帮助企业冲向更高目标。不过，高端品牌的内涵不应只是高价格，而更应是高价值。如何让消费者心甘情愿为品牌升级带来的高溢价埋单，如何抢占全球体育产业链制高点，是企业需要深入思考的课题。

（刊发于2022年12月24日综合版）

文化市场快速回暖升温

岁末年初，文化市场重焕生机。在北京，2023新年音乐会在国家大剧院奏响新年乐章；在广州，古典芭蕾舞剧《胡桃夹子》拉开新年演出季的序幕；在成都，舞蹈诗剧《只此青绿》开票即售罄；在河南，"只有河南·戏剧幻城"沉浸式文旅戏剧在售票平台的预订量较上年同期增长6倍……纷至沓来的文化大餐丰富了新年文化市场供给，为文化市场复苏回暖按下了加速键。

"仪式感"已成为节日消费新趋势。听一场新年音乐会、看一场跨年档电影、参观一场新年美术展览，丰富多彩的文化活动为过节增添了一份仪式感。人民群众对精神文化生活的追求从未停止。疫情期间，"云综艺""云展览""云旅游""云演唱会"等新型线上文化消费动力澎湃，不少人习惯了"宅娱乐"，但长期的"宅居生活"让人们越发觉得，有些文化活动只有亲临现场才能获得独特的沉浸式体验，只有在群体环境中才能获得最佳欣赏效果。随着生产生活秩序逐步恢复，人们期盼舞台灯光继续照亮缤纷生活，渴望文化市场重归热闹繁华。文化消费市场回暖升温，人们最关心的还是文化产品和服务能否接得住观众的热情和期待。

首先，要在加大优质内容供给上下功夫。最近，第十四届"全国文化企业30强"榜单出炉，从这些企业的成绩单可以发现，生产优质内容不仅助力企业实现了社会效益与经济效益双丰收,而且有效提振了文化市场的整体信心。但是,也要看到,文化市场个别细分领域目前仍缺乏佳作,不能完全满足人民群众的美好期待。面对行业复苏新机遇,文化企业需要认识到,只有好内容才能重燃人们的消费热情。

其次,要不断增强文化内容的多元性和丰富性。过去一年,演出市场虽经历了停摆,但线下脱口秀热火朝天,儿童剧市场逆势崛起,这些现象折射出人们对线下活动的强烈需求,也说明精准把握细分市场至关重要。包括"Z世代"、亲子、银发族等在内的每一种细分市场都蕴藏着巨大的文化消费需求。满足人民群众多样化需求,应面向细分领域有针对性地开发一批高质量文化产品和服务。最终,好内容将突破代际和圈层限制,创造更广阔的市场前景。

最后,要做好融合发展这篇大文章。新年期间,不少文化活动融合了戏剧、音乐、电影、露营等内容,观众不仅可以欣赏演出,还可以欣赏美景、品尝美食。值得一提的是,话剧、戏剧、音乐会等文化活动通常在晚上举行,这类文娱消费已成为夜间经济的重要组成部分,为夜经济带来巨大的消费增长空间。下一步,要积极开拓"文化+旅游""文化+生活""文化+餐饮"等创新业态,用跨界融合的文化产品进一步激活文化市场消费潜力。

(刊发于2023年1月1日综合版)

新春"电影菜单"成色足

2023春节档冲上热搜。据灯塔专业版显示,截至目前已有《流浪地球2》《无名》《满江红》《熊出没·伴我"熊芯"》四部新片待映,其中,科幻大片《流浪地球2》"想看"指数排名第一。这份新春"电影菜单"成色十足,令人对新的一年电影市场回暖复苏充满期待。

2023春节档是疫情政策调整之后的首个大档期,市场对它的期待就像久旱盼甘霖。但从全年来看,电影市场仍然面临不确定因素,业内对电影市场复苏回暖仍有担忧。一忧,观众还能回来吗?虽然电影院经营正稳步恢复,为市场回暖创造了有利条件,但疫情造成全球电影产业普遍面临观影人次下降的问题,需要重新培养流失观众的观影习惯。二忧,好片库存已经不多。受疫情影响,近两年影视公司对电影投资更加慎重,很多影企面临经营困难,不少新项目因为"钱荒"而搁浅。就算观众愿意回归影院,市场暂时还无法保证充足的影片供给。

尽管电影市场面临诸多困难,但应看到,电影市场的基本面还在。从放映端看,我国拥有8万块大银幕,3D银幕数量也是全球最多,完备的基础设施是电影市场复苏的有力保障。此外,影院也在通过强化降本增效、创新经营模式、开展线上业务、加大升级改造等途径谋求发展。从需求端看,消费者越来越注重精神层面的追求,对线下文娱消费的需求依然存在，电影已经成为人们美好生活的重要组成部分。

电影市场还有潜力可挖。从城市看，受疫情叠加影响，2022年一线城市票房占比加速下滑，五线城市停业影响仅次于一线城市，但票房占比依旧比上年提升了6%。其中，保定、淮安、泰州等城市跻身票房TOP50。未来电影市场三四五线城市的增长空间依然很大。从人群看，我国已进入老龄化社会，电影丰富了离退休老人的文化生活，他们可能成为电影市场的新蓝海。此外，电影也是亲子文化消费的重要内容，动画片的票房号召力不断增强。但是也要看到，受短视频等新媒体的影响，年轻观众正在流失，如果不想办法改变，将会对电影市场产生长期影响。因此，要挖掘年轻观众消费潜力，多生产一些年轻观众喜欢的影片。

丰富而坚实的电影储备始终是电影市场繁荣发展的底气所在。今年是电影市场复苏的窗口期，市场亟须好片"解渴"，还在观望的影片可以大胆入市，通过调整发行策略发挥长尾效应。从2022年初的《长津湖之水门桥》到年中的《人生大事》《独行月球》《新神榜：杨戬》，上映时间均达3个月以上。影片放映周期不断拉长将会给口碑影片留下更多放映空间，也可以有效弥补大档期之后的市场空缺。

电影创作端要动起来、干起来。据报道，已有很多影视项目计划春节后开机拍摄。随着越来越多影片的立项、开机、杀青、定档，市场信心将进一步增强。消费复苏是一个循序渐进的过程，越是困难时刻越应该看到光明。奋斗在创作一线的电影人需要沉下心来，创作出更多思想性、艺术性、观赏性俱佳的电影精品，让优质内容进一步助力电影市场复苏。

（刊发于2023年1月7日综合版）

品品《中国奇谭》的味道

这些天，动画短片集《中国奇谭》让国产原创动画声势再起。8集，11个导演，每天更新1集，这部由上海美术电影制片厂与哔哩哔哩联合出品的动画片自播出以来广受关注，话题热度在多个社交平台居高不下，不少网友直呼："这才是国创动画应有的味道！"

《中国奇谭》究竟是什么味道呢？是中国传统文化的味道。《中国奇谭》的8个故事大部分取材于传统民间故事，动画片中的角色形象也源自中国妖神志怪文化，深受网友喜爱的美术风格，既能从中找到传统剪纸的影子，也能看到中国水墨画的痕迹。整部作品从内容到绘画都充满浓郁的中国传统文化元素。

《中国奇谭》的味道既是传统的又是现代的。从故事情节看，这部动画不仅纵览古今，更展望未来，在传统神话故事的基础上融入让当代人产生共鸣的内容。在制作方式上，这部动画对标电影技术标准，运用4K画面、5.1声道，不少观众表示，虽然只是一部动画短片，但是值得戴上耳机细细品味。从《中国奇谭》中，我们看到的是国创动画的技术进步和创新表达。

《中国奇谭》受到市场好评，这份独家配方又是如何酝酿产生的呢？

首先，坚持对优秀传统文化的传承和创新。中华文化浩如烟海，丰富多彩的历史典故和民间传说为文艺创作提供了取之不尽的源泉。回顾中国动画百年发展历程，《天书奇谭》《九色鹿》等根植传统文化的作品曾辉煌一时，引他国纷纷取经；也有那么一段时间，市场充斥着大量IP重复改编之作、跟风模仿之作，观众逐渐产生审美疲劳；最近几年，《哪吒之魔童降世》《西游记之大圣归来》等国产原创动画重拾文化自信，在探索中前进，在创新中发展。总结起来，根植于自己的文化和情感，讲好中国故事，是国创动画的"独家配方"。与此同时，将传统文化与现代主流价值观相结合，运用前沿科技与制作手法进行创作、创新，才能激发观众深层共鸣，让国创动画不断发扬光大。

其次，对市场需求的深入挖掘。优秀传统文化就像天然美玉，不仅需要艺术想象力将其打磨成精美的产品，也需要市场驱动力助其发挥更大能量。《中国奇谭》是付费内容，因此，生产一部观众心甘情愿花钱去看的作品需要深入研究市场、了解观众。哔哩哔哩作为这部动画的联合出品方和播出平台，基于对用户行为规律的了解，为内容创作提供了有力支撑。比如，今天的观众生活节奏加快，娱乐时间呈现碎片化趋势，更喜欢短小精悍的文化产品，《中国奇谭》最终选择了短剧集的形式。事实证明，文化创新与商业化运作相结合才能创造出更大经济价值。将创新建立在尊重观众、了解观众的基础之上，不断寻求艺术表达与商业需求的最大公约数，国创动画才能越来越贴近市场，打造出更多"对味"的文化产品。

《中国奇谭》赢得市场的热切反馈，说明市场对国创动画的期待很高。过去一年，国产网络动画的月均播放时长已经超过海外动漫剧集，观众对好作品的付费意愿越来越强。不过，与旺盛的市场需求相比，国创动画仍然面临产能不足问题。未来，国创动画只有朝着更成熟的商业化模式发展才能不断满足市场需求,创造更大商业价值。

从《中国奇谭》走红,我们除了看到一部作品的艺术进步,更应该总结一部作品能够成为爆品的发展路径,思考下一部爆款如何更快诞生。也要注意,面向市场并不等于顺从市场,贴近观众也不是一味迎合观众。只有坚持文化自信,用更高的文化品位和艺术理想引领观众审美,国创动画的路才能越走越宽。

(刊发于 2023 年 1 月 14 日综合版)

健身行业应摆脱信任危机

又一大型健身房"暴雷"？近日，知名健身机构中健健身会员维权问题引起社会关注。春节后不少会员发现自己所在门店没有正常营业，随后，关于该机构倒闭跑路的传闻引起会员恐慌，导致公安、人社部门介入。最后，该机构相关负责人出面回应，承诺会努力保障好员工和会员的合法权益，风波才得以平息。

个别健身机构的部分门店出现经营问题，暂时关闭，消费者本可心平气和等待问题解决，为何不少会员的第一反应是"大事不妙"？健身俱乐部会员维权风波背后，是行业信任危机的深层次问题。国内传统健身房普遍采取预付费模式，"赚用户不来的钱"是其发展的底层逻辑。通过预售会员卡获取现金流，不断开新店，看似能够循环往复，实则寅吃卯粮，无法形成稳定的盈利模式。健身房跑路等行业负面信息频频传出，对消费者信心造成强烈冲击。

从市场前景看，健身房当然算得上是一门有"钱途"的好生意。健身赛道虽然起起伏伏，但始终受到资本关注。多项数据显示，文体消费等领域热度不断攀升，市场持续回暖。具体到健身市场，随着居民生活水平稳步提高，健康生活理念深入人心，健身行业发展大有可为。

形势越是趋好，行业越需重视发展质量。然而，个别机构对消

文体市场面面观

费复苏后的健身市场盲目乐观，刚从危机中走出来，又吹响开疆拓土的号角，把融资资金一股脑投入新店建设上。不可否认，这几年受疫情影响，不少机构退出，行业重新洗牌，有实力的企业此时选择性地加大收购力度、重新布局，未尝不是新机遇。但是，健身市场发展要想进入良性循环，迈上行稳致远的康庄大道，行业就必须改变传统模式，改变经营策略。只有稳扎稳打，重新建立起消费者的信任度、安全感，才能真正赢得市场、赢得未来。相比大建新店抢占市场，健身行业当前更需要的是沉下心来优化服务，用高质量发展来稳住用户。

第一，要靠服务留住用户。健身房属于服务行业，其本质是坚持"用户导向"，要紧紧围绕用户需求，把经营重心放在服务提质升级上。

第二，要靠数字化转型提升用户体验。比如当下流行的互联网健身房模式，实现用户按次付费和场地自选。同时，身体数据、运动数据得以有效利用，还可以满足社交需求，实现从线上到线下完整的服务闭环。没有私教推销，没有巨额年卡，用户对健身机构"跑路"的担忧降低了，信任感也就提升了。

第三，还要积极探索多元业态。如今，体育消费已经从单一服务走向场景消费，健身俱乐部有望成为消费新入口，围绕健身所需的运动补给和健身器械等周边产品或将成为新的盈利点，为消费者提供更丰富的选择。

（刊发于2023年2月11日综合版）

沉浸式娱乐成消费热点

最近,颇受年轻人喜爱的沉浸式剧本娱乐玩出了新花样。它从密室中走出来,"浸入"剧场、饭店、景区等场景,通过多元的创意内容和沉浸式的表现方式,迅速形成线下消费新热点。

沉浸式剧本娱乐自2016年在国内兴起,是一种基于剧本内容的推理游戏,通过角色扮演,推理完成某类任务。最初主要是以密室逃脱、剧本杀等项目为主,因代入感强、逻辑严密、情节丰富,成为颇受青年一代青睐的新兴文化娱乐方式。研究显示,2018年至2021年,密室逃脱类、剧本杀类经营场所的总体数量增长幅度超过400%,行业发展势头强劲。

这是一条新赛道。从供给端看,剧本设计师已成为年轻人向往的新职业。剧本娱乐项目的创作"门槛"相对较低,很多人入行的初衷是热爱编剧,享受创作乐趣。如今,随着市场火热,一个剧本的版权费少则300元到500元,大IP和优质剧本则可以达到上万元。收入不低、灵活自由的形式,吸引了大批富有创造力、想象力和好奇心的青年创业者,不断打造优质剧本内容、创新跨界形式。

从需求端看,沉浸式剧本娱乐正成为年轻人文化消费的新潮流。玩家在不同的剧本中可以尝试扮演不同角色,游戏的参与性和互动性满足了年轻人表达自我、探索世界、人际交往的需求。这也从另

文体市场面面观

一个角度说明，年轻人对线下文化娱乐的消费需求始终存在，只不过是形式和内容发生了变化。

发展初期，沉浸式剧本娱乐行业曾经历一个快速但又无序的生长阶段。由于监管缺位，法规滞后，导致沉浸式剧本娱乐行业乱象频出，提质受限。去年以来，五部委发文规范剧本娱乐经营活动，中国文娱行业协会充分发挥引领作用，通过征集优秀剧本等活动推动行业积极创作，使剧本价值取向、文化内涵显著提升。实践证明，对新行业应该早立规矩，加强引导，让其在保持活力的同时兼顾发展质量，才能实现供需"双赢"。

内容变了，消费黏性更强了。过去，沉浸式剧本娱乐行业靠一些惊悚、刺激的内容博人眼球，满足一部分年轻人的好奇心、猎奇心。市场上充斥大量雷同剧本，令消费者产生审美疲劳。如今，行业依托内容创新，精心打磨剧本，涌现出敦煌旅行剧、美食剧等一大批正能量、新创意、深受市场欢迎的内容题材，消费频次、消费增量都得到显著提高。

场景变了，发展空间更大了。过去，沉浸式剧本娱乐主要在密闭空间进行，消费场景单一，也容易产生安全隐患。这两年，"沉浸"在密室里的行业大胆"走出去"，与景区、酒店、商场、影院等业态联合跨界探索，满足人们多样化需求，以场景的"破圈"引发消费的"出圈"。

行业创新的一小步，背后是消费趋势的大变局。沉浸式剧本娱乐换了玩法后更受市场欢迎，说明沉浸式剧本娱乐赋能消费大有可为。眼下消费市场复苏势头正旺，全国多地着力打造沉浸式文娱产业集群，培育特色鲜明的"沉浸式"消费文化，持续提升城市消费的聚集力、吸引力和影响力。期待更多城市探索新路径，解锁新玩法，激发沉浸式娱乐产业赋能线下消费的更多可能。

（刊发于2023年2月25日综合版）

音乐平台靠什么留住用户

在第七届中国网络版权保护与发展大会上，一项数据引起行业高度关注：我国数字音乐平台用户量连续两年下滑，目前的月活用户量回到了 2019 年水平。用户为何不愿为数字音乐付费了？音乐平台将来靠什么留住用户？这个话题值得我们深思。

得益于国家大力发展电子商务新业态，我国数字音乐产业经历了 20 多年稳步发展，用户付费习惯基本养成，市场已经初具规模。但是，相比海外音乐平台，我国数字音乐用户付费率不足 20%，与国际平台 50% 左右的付费率相比依然存在较大差距。特别是近两年，数字音乐平台面临规模缩水、用户流失的风险较为严重。

不少人认为，我国音乐消费水平不足主要是用户版权意识缺失导致的。由于数字音乐行业技术发展太快，新型侵权手段花样百出，在免费资源很容易获取的情况下，消费者习惯性依赖"免费的午餐"，好不容易培养起来的付费意识和版权保护意识很容易受到冲击。

这样的分析只反映了问题的一面。更深层次的原因在于，音乐平台现有商业模式没有跟上市场发展的"节拍"。如今，线上文化娱乐供给不断丰富，长视频、短视频、网络游戏等都在不断争夺用户。这种情况下，人们最纠结的恐怕是时间有限，分身乏术。目前，音乐平台普遍采取包年、包月的会员服务模式，用户实际使用时间其实并不充分。很多用户为了听一首歌，不得不"被服务"一整年，这不是消费者主动选择的结果，其难免会产生抵触情绪。

问题还在于，数字音乐平台在快速发展过程中，服务质量没有跟上。音质不达标、曲库内容单一、"套娃式"收费等问题让用户体验大打折扣。更重要的是，怀旧金曲再香，也无法满足年轻人千变万化的口味。用什么引领新生代乐迷的音乐趣味，促进行业高质量、可持续发展，成为迫切需要解决的问题。

发展数字音乐产业还是要遵循文化产业的基本规律，立足创意、着眼创新。内容是音乐平台的核心竞争力。这两年，国风国潮原创音乐已成为音乐平台的一块金字招牌，这一变化离不开各平台对原创音乐人的挖掘和培养。在平台扶持下，越来越多的音乐人选择在作品中加入中国元素，创作出了深受年轻群体喜爱的国风音乐，为优秀传统文化的传承和表达提供更大的舞台与机会。平台要进一步发挥对文化消费的牵引作用，推动更多新人新作成为顶流，用内容创新不断增加用户黏性。

科技创新是突破发展"瓶颈"的关键。在数字化浪潮中，国内音乐行业越发重视数字发行渠道的作用。音乐平台可以利用自身技术优势，进一步当好内容服务者，通过延伸线上演出、歌迷互动、专辑流量扶持等服务形式，拓展营收空间，获得长久收益。

应该看到，内容平台已进入存量竞争时代，登顶之路肯定会越来越难走。长视频平台曾尝试会员涨价、投屏收费等手段却屡遭质疑，知识服务型平台至今也难以找到更大盈利空间。可见，消费者对付费内容的挑剔程度越来越高。音乐平台与其为付费率焦虑，不如直面用户需求，创新商业模式，看看能否闯出一条新赛道。

（刊发于 2023 年 3 月 4 日综合版）

演出市场开发不能一味求快

最近,一些明星演唱会一票难求,有人专门制定了详细的抢票攻略,还有人将代抢票做成了生意。这反映出演唱会市场需求旺盛,也让相关话题冲上热搜。

演唱会是国内演出市场的风向标。一票难求说明大众文化娱乐供需出现不平衡,演出市场迫切需要大型活动解决供需矛盾,为行业发展提振信心。好消息是,各地文化和旅游行政部门已经恢复对涉港澳台营业性演出的受理和审批,预计今年有数十组头部艺人计划举办个人演唱会,演出市场将从供给侧发力,不断丰富文化菜单,演出产业终于等来了春暖花开。

有必要指出的是,大型演唱会虽然需求旺盛、吸金力强,但也不能"贪杯","野性"开发可能导致市场无序竞争,引起观众"消化不良"。一方面,明星演唱会是演出市场的热门,由于资源稀缺,导致预订票、代抢票等花样频出,票价狂飙,给"粉丝"造成过重经济负担。市场复苏需要警惕"黄牛"搅局,伤害观众消费热情,影响行业健康发展。寻求商业演出的合理盈利空间与消费者承受范围之间的平衡,以及产业长效健康走向与文化消费提质升级的良性互动,有待相关行业、相关部门不断研究、持续探索。

另一方面,演唱会"扎堆"也容易造成演出品质下降,一些演出公司对音响、灯光、舞美等环节缺乏精心设计，导致观众体验大打折扣。歌手精力有限，如果商演频繁，也难以保证演出质量。另外，地方政府不能完全当"甩手掌柜"，如不做好相关服务保障，严把内容质量关、现场安全关，对城市也会带来负面影响。总之，线下演出市场开发不能一味求快，还要张弛有度，牢固树立精品意识，增加特色，完善体验，靠高品质内容满足市场。

大众期待演唱会，显示了市场强烈的观演意愿和消费潜力。以演出为中心，不仅可以拉动酒店、机票业务，还能带动当地旅游消费。演艺公司和地方政府应深入挖掘演出市场的潜力，让线下演出产业不再单纯依赖票房，而是不断催生新业态、拓展新空间，成为城市消费升级的突破口。

演唱会市场升温也从一个侧面体现了线下音乐演出活动的旺盛需求。不过，有些还处于潜在状态，需要被新的商业模式激活。比如，这些年随着音乐市场的变化，涌现出草莓音乐节、迷笛音乐节等市场口碑好、关注度高的演出形式，既满足了不同受众群体的需求，又不断激发新的消费增长点。

总之，应对演唱会项目进行统筹安排，倡导多元的演出形式，提升演出内容质量，从供给侧入手，激活演出市场这池春水。

（刊发于2023年3月19日综合版）

用文化力量挖掘优秀影视商业价值

最近,《三体》《流浪地球2》《中国奇谭》等影视IP频频出圈,内容开发及衍生动作不断,IP商业运营驶入快车道。但是,部分企业大量囤积IP却没有找到正确的开发路径,还有一些企业急于求成,匆忙上马质量不过关的衍生品,这些现象暴露出文化产业长期以来的深层短板和不足。

近年来,我国文化产业发展逐渐成熟,文化企业越来越重视IP价值的挖掘和培养,IP商业化探索提质增速。特别是近两年,IP衍生创新层出不穷,IP影响力和生命力得以放大延伸。IP运营已成为文化企业提升盈利能力、寻求业务新增长点的重要途径,这是发展理念的进步。

进步的表现之一就是IP内容矩阵不断壮大。比如,《三体》不仅电视剧广受好评,动画片、广播剧也获得受众群体的喜爱。《流浪地球2》的票房成功有力证明了中国科幻大片具备后续再生产的能力。一些国产IP通过内容迭代,不断推陈出新,保持了旺盛的生命力。不过,一些IP在开发中过度依赖原作光环,忽视了内容创新。比如,个别IP电影续集口碑下滑、改编剧内容粗制滥造等,令"粉丝"质疑透支情怀。这从一个侧面提醒行业,优质IP来之不易,深厚的"粉丝"基础是文化产业最宝贵的财富。IP商业化进程必须牢

用文化力量挖掘优秀影视商业价值

固树立精品意识，要像爱惜羽毛一样重视 IP 价值，不能竭泽而渔、割"粉丝"的"韭菜"。

近两年，国产 IP 渗透力不断增强，衍生品努力贴近年轻人的消费需求，与制造、旅游、信息等产业融合，涌现出很多爆款，不仅提高了产品和服务的附加值，也让 IP 的文化影响力在生产、生活中进一步升华。但也要看到，IP 衍生品绝非一般性商品，作为文化产品，既要通过合理开发使其产生良好经济效益，也要通过衍生品延长生命力，实现社会效益最大化。有些品牌为了蹭热点，将 IP 植入不恰当的产品和服务，令文化价值大打折扣。挖掘 IP 衍生品的潜能，如果做不到产品力与文化内涵并重，是很难有市场竞争力和生命力的。

一个 IP 的打造就像一棵大树的成长，根深才能叶茂，真正的创新是从根部发力，依托文化，立足内容，不断扩展 IP "根系"。故宫文创之所以获得市场认可，正是因为 600 多岁的故宫为其提供了创新源泉。《流浪地球 2》衍生品之所以能快速出圈，也是因为观众从这部电影中看到了中国人的价值观，还有中国工业的发展和科技的进步。

在移动互联网时代，IP 开发进入更广阔的天地。但要清醒认识到，我国仍然缺少具有持续影响力的原创 IP，一些创新还需要时间的沉淀。企业既需要把握商机，也需要回归理性，用文化力量滋养更多经久不衰的 IP 大树。

（刊发于 2023 年 3 月 25 日综合版）

国产体育品牌提升的关键在创新

国产体育品牌迎来高光时刻。近日，安踏、李宁、特步先后发布2022年业绩报告，其中安踏首次超越耐克成为国内市场年度第一，李宁超越阿迪达斯排名国内市场第三，特步业绩也实现逆势增长，创下新高。在国内消费市场反复承压的背景下，国产体育品牌取得这样的成绩实属不易。

有分析认为，国产体育品牌受益于"Z世代"年轻消费群体崛起，他们更愿意支持国货，以彰显民族自豪感。特别是北京冬奥会等大型赛事成功举办，国产体育品牌迎来更好发展机遇。比如，"安踏冠军店"通过与奥运IP绑定，迅速挺进核心商圈，让奥运冠军的拼搏精神、家国情怀触达更广泛的消费群体，同时，也让品牌找到了流量密码。

无论消费群体怎样迭代，高质量产品永远是核心竞争力。与国际高手对决过招，最终要靠产品说话。随着科技的进步，各种赛事对体育用品提出了更高标准。多年前，中国运动员参加比赛只能穿戴国外品牌的装备。如今，在各大赛场，国产体育品牌大展研发实力。比如，安踏拥有氮科技、冰肤科技、炽热科技等核心技术，都是奥运技术"外溢"的产物。随着越来越多消费者开始从专业性角度考量运动产品，提升研发能力和创新能力已经成为体育品牌的必修课。

也要看到，耐克、阿迪达斯等知名国际品牌为体育用品产业创造的性能标准一直在深刻牵引着行业走向，在产品、渠道、品牌等领域也持续影响着中国消费者。相比之下，国产体育品牌在进军全球市场、跻身国际一流品牌的道路上仍须持续发力。

第一，国产体育品牌要"强身健体"。一是"增肌"，进一步加大科技研发投入力度，用科技创新为体育用品产业注入新动能。二是"减脂"，通过数字化改革实现降本增效。不可否认，国产体育品牌逐渐深入人心与其合理的性价比不无关系，下一步，国产体育品牌要持续在特色上做足功课。

第二，还要讲好品牌故事。企业的竞争归根结底是品牌的竞争。这些年，国产体育品牌试图进行多品牌战略，对海外名牌的追逐愈演愈烈，但也给企业发展带来一定风险。须知，赋予中国体育品牌更高的价值内涵，既要讲好创新发展、质量升级的故事，也要准确解读中国体育乃至消费文化。随着体育消费需求不断提质升级，体育品牌要充分发挥满足消费升级、赋能美好生活的积极作用。

近年来，全民健身快速发展，体育产业利好政策不断，宏观环境为体育用品消费提供了良好市场基础。随着成都大运会、杭州亚运会等一系列国际大型赛事陆续举办，体育消费还将持续升温。面对中国庞大的市场需求，国内外品牌一定会展开更激烈的竞争。期待更多企业加入这场竞争，在不断追赶超越中突破自我，为体育消费市场创造新的价值。

（刊发于2023年4月1日综合版）

水上运动乘风破浪正当时

春暖花开，户外爱好者跃跃欲试，准备奔赴大自然。继去年的飞盘潮、骑行热之后，一些城市的公开水域又出现"堵船"景象，冲浪、桨板、皮划艇等新兴水上运动正在流行。这些原本小众的运动项目经过社交平台发酵后迅速走红，成为户外运动产业不容忽视的新赛道。

随着我国居民消费水平不断提高，更加追求绿色、健康的生活方式，体育产业呈现新趋势、新特点，户外运动受到青睐。与此同时，传统项目已经无法满足人们多元化需求，从飞盘到桨板，从陆地到水上，户外运动的内容形式不断丰富拓展，充分彰显体育消费活力。

越来越多的网友在社交平台分享运动照片、笔记，表明我国体育消费呈现时尚化、潮流化趋势。以桨板为例，在社交平台被贴上潮流文化的标签后迅速破圈，涌现出桨板+瑜伽、桨板+旅拍等新玩法，不断激发人们的消费热情。

水上运动目前在国内仍属小众运动，消费者以体验为主，难以形成持续性消费。下一步，水上运动能否涌现出像露营一样的现象级产品？消费黏性能否增强？还需要通过优化供给进一步释放消费潜力。

水上运动乘风破浪正当时

从空间上看，我国水域广阔，待开发水上运动项目十分丰富，发展水上运动潜力巨大。如果有条件的城市能够开放水域、完善配套设施，就一定会推动水上运动蓬勃发展。从装备上看，市场上的桨板、皮划艇等装备主要以国外品牌为主，价格过高，不易推广，这正是国产装备拓展市场、打响自主品牌的最佳时机。水上运动的目标群体主要是年轻人，他们更喜欢新鲜、富有挑战的运动方式，也更愿意为提升技能投入时间和金钱，这也为培训产业提供了新机遇。

发展水上运动，还可以站在体旅融合的角度谋篇布局。水上运动多在江河湖海等水域中进行，这些自然场景与旅游活动场景高度重合。例如，海南水上资源优势明显，通过发展水上运动，为旅游产业找到了新的增长点。当前，旅游产业正在从传统观光型向深度体验型转变，水上运动为景区引流，美丽风景为水上运动增色，这种相互赋能、双向奔赴正是体旅融合的魅力所在。

当然，安全问题是包括水上运动在内的所有运动都不能忽视的问题。水上运动产业涉及领域广，链条长，环节多，相关部门应该紧跟热点，尽快畅通机制，共同为蓬勃发展的新兴产业保驾护航。前不久，《户外运动产业发展规划（2022—2025年）》发布，由国家体育总局、国家发展改革委等8部门联合印发，凸显出各部门沟通协调的重要意义。下一步，需要政府、协会、企业等携手共进，从政策引导、赛事筹办、活动组织、教育培训、场地管理、产品供给等方面不断发力，深挖市场潜力、精准供需匹配、完善服务体系，让水上运动乘风破浪，为体育消费注入新活力。

（刊发于2023年4月8日综合版）

以发展眼光看待露营经济

最近，露营这一旅游圈"新宠"遇到一些困难。在旅行平台上，露营搜索热度有所下降，不少露营地宣布停止运营。一些媒体就此唱衰露营经济，露营还能火多久？

有观点认为，催热露营经济的加速器主要是疫情。在有限条件下，露营满足了人们户外休闲需求，成为触手可及的"诗和远方"。如今跨省游、出境游市场回暖，露营的吸引力自然会下降。这种分析并不全面。

露营产业依靠的是国内休闲度假市场的强大需求。随着城市化发展，自驾游热度上升，中等收入人群增长以及新消费习惯的养成，都是露营产业发展的助推器。人们爱露营，爱的是那份亲近自然的野趣，是亲自动手安营扎寨的乐趣。一顶帐篷、乡间民宿、高端酒店，各美其美，各有所长。因此，旅游市场复苏并不影响露营产业发展。

露营产业是旅游业拓展投资和消费新增长点的重要渠道。正是因为看到这种潜力，文化和旅游部、国家体育总局等14部门联合印发指导意见，对露营营地建设、露营全产业链发展、规范露营管理经营等问题逐一明确，目的就是为了丰富旅游休闲产品供给，促进露营经济规范发展。

以发展眼光看待露营经济

露营产业要长红，须进一步突出特色，避免低水平重复。就拿露营产业的核心营地来说，选址颇有讲究。刚开始，人们只要搭起帐篷就很开心，后来又追求好山好水好风光，随着"复制粘贴"型的同质营地越来越多，美丽风景已经无法满足人们的好奇心。当地政府部门和企业应该因地制宜，精心布局，明确定位，差异化发展。例如，去年冬季，依托雪山冰湖、温泉等自然资源的露营场景大受欢迎，让露营实现淡季不淡，这充分说明挖掘特色是激活旅游市场潜能的首要秘诀。

过去一段时间，露营产业只求扩张而忽视服务水平提升。有些营地缺少服务意识，让第一次扎营的"小白"吃了不少苦头；有些平台售卖的露营套餐名不副实，也备受诟病。露营产业要实现可持续发展，必须以高品质服务提升用户体验，依靠管理创造新的价值。

目前，大部分营地还在追求"最美"，项目深度不足，服务内容单一，导致营地抗风险能力较差。今后露营地开发要从重外表转变为有内涵，更关注游客精神文化方面需求。例如，一些露营地与桨板、皮划艇等水上运动融合，让游客享受山水之乐，提升露营市场吸引力。只有不断围绕居民休闲消费需求进行创新，露营消费才能长盛不衰。

用发展的眼光看，人们对健康休闲生活方式的追求不仅不会变，还会以更精彩的方式呈现。市场期待露营营地规模化经营，也呼唤在市场竞争中出现更多优质品牌、龙头企业。露营产业经历大浪淘沙，最后留下的才是精品。

（刊发于2023年4月15日综合版）

旅游专列拉近"诗与远方"

"五一"假期将至,高铁旅游成为热门选择。开往淄博的"烧烤专列"、从成都出发的"熊猫专列"、一路春花烂漫的"赏花专列"……为满足旅游市场的多元化需求,铁路部门增开了旅游特色专列,多条热门线路一票难求。

如今,游客出游不仅是"游",而且包括了吃、住、行、购、娱各个环节。人们对旅行体验从注重观光向兼顾观光与休闲度假转变,旅游专列契合了大众"说走就走"的热情,"淄博烧烤"火出圈,"烧烤专列"迅速启动,这种快速精准捕捉游客需求,紧跟旅游市场热点的应变力正是旅游专列"获客""拉新"的吸引力。

旅游专列丰富了旅客的出游体验,让专列本身成为一道独特的风景。成都铁路开通的"熊猫专列",不仅把沿途美景尽收眼底,而且能在车上观看川味表演、品尝特色美食,真正做到"窗外有美景,车内有文化"。在开往淄博的"烧烤专列"上,烧烤酱成为热销品,地方特产结合旅行文化,"列车推销品"秒变富有创意的"旅行伴手礼",这些创新充分表明"文旅+"能够创造新的消费增长点。

旅游专列为旅游经济发展注入强劲动力。淄博推出的"烧烤专列"可免费兑换景区门票,很多游客不禁感叹:"明明是来撸串,却被淄博的山水与文化圈粉了。"仅3月份,淄博就接待外地游客480多万人次，同比增长134%，旅游综合收入增长60%。旅游专列一方面满足了人们出游的多元化需求，另一方面也为城市"吸粉""引流"。算明白这笔账，不由得为淄博文旅的"组合拳"拍手叫好。

特色旅游专列反映出游客对美好出行的要求越来越高，也揭示出旅游产业正在向高品质和多样化转变。旅游专列也要进一步突出特色，不仅要把沿途黄金景点"一网打尽"，还要挖掘更多未被发现的"美"，把过去热度不高的小城小镇编织进铁路旅游的大网络，呈现更多自然性、独特性、新奇性。铁路部门应进一步加强与地方的合作交流，鼓励景区结合铁路遗存、自然景观等设置旅游体验线路，形成交通带动旅游、旅游促进交通的良性互动格局。

旅游专列的开行，为"网红"城市带来了大量游客，对沿途景区文旅市场服务水平提出了考验。八方而来的游客将不仅体验到各地的美食、美景，还将切身感受交通运输、食品安全等方面的城市温度。要让"网红"变"长红"，需要城市管理者抓住机会，做出特色，拿出高质量的旅游产品和服务迎接游客，这样才能更好地持续释放旅游消费潜力。

高铁不仅是交通工具，也可成为旅游市场一张流动的名片。特色旅游专列延长了文旅消费链条，丰富了旅行内涵，证明了旅游与交通融合大有可为。公路、航空、航运等旅游线路都要以需求为导向，不断创新求变，为消费者创造高品质旅游体验，为抵达"诗和远方"提供更多解决方案。

（刊发于2023年4月22日综合版）

沉浸式文旅别成了技术秀

"五一"假期去哪玩？沉浸式文旅项目算得上是目前旅游景点热门中的热门。沉浸式展览、沉浸式演艺、沉浸式景区，随着"沉浸式"概念大热，文旅市场仿佛万物皆可"沉浸"。一眼望去，光影璀璨，雾气缭绕，确实令人大开眼界。仔细一品，很多打着"沉浸式"标签的文旅项目只是感官盛宴，无法"入心"，看久了还会产生"内容不够，形式来凑"的乏味感。

"沉浸式"本质上是一种注意力经济，试图通过故事代入、技术手段来营造身临其境的旅行体验。从游客需求看，人们对走马观花式的旅游已经厌倦了，文旅活动的新鲜感、体验感、互动性才能满足心理需求，"沉浸式"文旅项目把"观看"变成"体验"，迎合了大众对精神文化消费不断升级的需求。

各地紧跟热点，纷纷探索"沉浸+文旅"新模式，可是算算背后的经济账不难发现，一些斥巨资打造的沉浸式文旅项目，虽然声势不小，但市场反响一般，上座率不足，复购率不高，景区的投入产出比并不可观。这说明这些沉浸式文旅项目缺乏吸引力，游客无法获得真正的"沉浸式"体验。究其原因，一是过度依赖技术。这些年，科技对文旅的支撑作用越来越强，新型视听、虚拟现实、全息投影等前沿技术为景区注入创新动力。但是，不是所有景区都适合与技术结合。

比如，古镇古街、园林湖泊披上技术的外衣，就失去了一份古朴自然之美。文化遗产、艺术展览过度运用技术渲染，也会变味走样。发展"沉浸式"文旅，不能简单粗暴地把"沉浸式"理解为技术秀，还要在文化与科技之间找到更好的结合点。二是缺乏内容支撑。真正的沉浸感是历史与现代、文化与科技的完美交融。例如，最近火出圈的"盛唐密盒"，两位身着古装的演员扮演"房玄龄"和"杜如晦"，通过幽默提问和爆梗回答让观众零距离感受唐朝人物的风采和气度。从我演你看，到一起参与；从我说你听，到互动体验。这种让游客不知不觉成为"剧中人"的体验，真正抓住了"沉浸式"的内核。

从"不倒翁小姐姐"到"盛唐密盒"，这几年，西安大唐不夜城爆款频出，探寻其中密码不难发现，西安文旅项目在创新中找准了切入点。就拿深受游客喜爱的"房玄龄"和"杜如晦"来说，表面看，游客喜欢他们的风趣幽默，实际上，是被大唐文化的魅力折服。两位演员从诗词歌赋到传统节日，从历史典故到生活常识，展现了丰富的知识储备和深厚的文化底蕴，应该说，是文化的力量让游客产生了"忘我"的感觉。可见，立足于文化、历史与区域特色的创新，才是让游客沉浸其中的真正原因。

成功的沉浸式文旅项目能够吸引游客停留更长时间，激发消费活力，具有强大的溢出效应。目前，"沉浸式"相关技术已经日臻成熟，但内容还需要继续沉淀、夯实。有句话说，"文化与科技，在山底分手，在山顶重逢"。对沉浸式文旅项目来说，文化和科技都应该发挥重要作用，但技术只是外衣，文化才是内核。文旅市场为了满足游客需求还会创造更多新形式、新内容，但是不能忘记，只有立足文化创新，才能赋予景区"沉浸式"魅力，拥有更持久的生命力。

（刊发于2023年4月29日综合版）

网剧不能靠"迎合"突围

这个"五一"假期,有人出门逛景点,有人排队吃烧烤,也有人追剧上瘾。近日,网剧《漫长的季节》掀起观剧热潮。在假日旅游和电影市场火热升温的背景下,一部网剧获得高度关注,为网络文化消费带来有益启示。

在年产量上千部的网剧时代,一部剧能够顺利与观众见面已属不易,怎样才能在激烈竞争中突出重围?有人认为,网剧的关键是要有"网感",要对市场、年轻人的思维和欣赏习惯敏锐跟踪,不断适应。网剧如果抓住了"网感",也就不难成功了。

但是,《漫长的季节》偏偏不走老路,不进套路。数据显示,现在有76%的年轻人在追剧时会使用倍速功能,一天看完一部电视剧已经成为常态。为适应年轻人的追剧习惯,一些网剧追求节奏明快,短小精悍。《漫长的季节》却反其道而行之,以缓慢的节奏铺展横跨20年的故事,但导演并没有用平铺直叙的方式,而是通过精妙叙事打开层层叠叠的悬念"包袱",牢牢抓住观众情绪。很多观众表示:"舍不得快进,每一个细节都不想错过。"

这两年,网剧市场还流传着一条潜规则:"得女性观众者得天下。"一段时间以来,同质化的"她剧集"大行其道,流量和"粉丝"成为影视从业者挖掘市场商机的关键要素。但这些元素在《漫长的季节》中统统没有。有的是演员的走心演出，每集精心制作的专属片尾曲，叙事、影像和技术的各种创新，令观众既惊喜又感动。不主动迎合市场，结果怎样呢？《漫长的季节》播出后，豆瓣评分一路涨到9.5分，刷新了国产网剧新高度。什么才是真正的爆款密码？观众已经用真实评价给出了响亮回答。

从《人世间》到《狂飙》，电视剧市场每年爆款的风向标各不相同，大数据也许可以帮助我们分析今年哪类题材更受欢迎，但如果一阵风似的追逐爆款题材，虽然迎合了市场，却可能限制创作视野。《漫长的季节》以生活悬疑展现大时代下小人物的命运，充分体现了网剧题材涉猎更开阔、拍摄角度更新奇的特点。也启示电视剧市场内容供给应该更多样，各类题材百花齐放，才能赢得市场和受众。

前些年，网剧就像一个没有辨别能力的"家长"，"孩子"想吃什么就给什么，过度迎合年轻观众喜好，结果生产出很多鸡肋作品，失去了口碑和人心。近年来，长视频平台纷纷通过剧场化运营探索爆款密码。内容始终是各剧场进行布局的核心与依托，"观众需求百变，但是对有思想、高品质的内容需求永远不会变"已经成为网剧高质量发展的共识。

如今，线上文化娱乐消费已成为主流。如何让人们愿意为文化体验付费？视频平台的下一部爆款在哪里？这些答案光靠"迎合"是不会令观众满意的。影视行业只有沉下心来，凝心聚力深耕内容建设，才能实现经济效益和社会效益双丰收。

（刊发于2023年5月6日综合版）

百亿元吸金力是如何练就的

多地近日晒出"五一"文旅市场成绩单。其中，成都在5天假期里，共接待游客1939.4万人次，创旅游收入150.6亿元。

成都旅游吸金力为何这么强？从"晓看红湿处，花重锦官城"到"锦城丝管日纷纷，半入江风半入云"，有太多诗句咏叹过成都的自然之美；三星堆、青城山、武侯祠……成都历史文化资源禀赋得天独厚。可以说，成都旅游捧了个"金饭碗"。

不过，成都没有捧着"金饭碗"等饭，而是努力把丰厚的文化资源变成文化产业。比如，成都近年来持续构建大熊猫IP全产业链体系，从大熊猫研学体验到周边衍生品开发，熊猫经济为成都旅游市场聚集了大量人气和商气。

成都丰富的文化活动让旅游体验更深刻。到成都旅行，白天可在金沙遗址博物馆看展，夜晚能在锦江欣赏一曲穿越千年的《伎乐·24》，想要解锁新潮玩法，还有音乐会、小剧场、酒吧派对等更多选择。从"非遗集市"到"夜游锦江"，成都将经典旅游元素和都市生活串联起来，既有风花雪月，也有人间烟火，用文化熏陶带动文化消费，文化消费反哺文化创意。

"五一"假期，火起来的不只成都。不过，新鲜感可能为"网红"城市带来瞬间人气，但并不是每个"网红"城市都能形成持久知名度。"网红"城市红了之后怎么办？作为首批国家文化和旅游消费示范城市，成都以夜间经济、周末经济为重点，通过打造一批独具特色的文旅点位、线路、活动、场景，持续拉动旅游消费。无论是在安仁古镇中举行一场传统中式婚礼，还是身穿运动服在五凤溪古镇玩飞盘，或是带着小朋友在西来古镇写生，从美丽风景到生活场景，成都对旅游业的精耕细作已经融入生活的每一个角落，把一年四季都变成了旅游旺季。

对于旅游业而言，资源禀赋固然重要，但要吸引游客一来再来，还是要做好文旅融合这篇大文章。今年"五一"假期，全国各地文博看展、文化演艺成为旅游新风尚，"旅行+演艺""旅行+看展""旅行+刷博物馆"受到市场青睐，展式社交、国风汉服、围炉煮茶等活动精彩纷呈……实践证明，丰富多彩的文化活动让旅行时间、深度、消费等方面的需求更加充分释放。

5天百亿元的吸金力绝非一时之功。旅游城市成为"网红"、赢得流量只是第一步，便捷的交通体系，完善的基础设施、公共服务和商业环境，高品质的生活方式才是旅游目的地发展的底层逻辑。多项数据表明，文旅融合对消费的拉动作用越发明显，旅游城市与其羡慕别人的吸金力，不如好好修炼自己的软实力。

（刊发于2023年5月13日综合版）

AI 歌手如何走得更远

AI 歌手火了。最近，在各大视频平台，AI 歌手以独特的音色和唱腔轻松驾驭不同曲风的歌曲，俘获一众网友的"芳心"。

AI 歌手经济价值几何？目前看，AI 歌手已经为发布者赚取了巨大流量。一些网友呼吁让 AI 歌手开演唱会、出专辑，不少人表示愿意为 AI 歌曲付费。与此同时，AI 训练教程也火速上线。过不了多久，AI 歌曲很可能成为一种新型音乐产品，听众可以打造自己喜欢的 AI 歌手，生成符合自己口味的音乐，获得个性化的音乐体验。随着新的商业场景不断涌现，AI 歌手"钱"途无量。

AI 歌手走红之后，对作品版权归属问题的关注、对人工智能领域法律法规的讨论成为舆论焦点。生成式 AI 作品中的数据如何确权？如何定价？怎样避免内容侵权？一系列待解的问题成为 AI 歌手走红之后最烦心的事。据公开报道，国外一些艺术家已经联合对 AI 技术开发方发起集体诉讼，指控其训练数据侵害了艺术家的版权。包括环球音乐在内的版权方也纷纷向流媒体平台施压，要求下架 AI 克隆歌曲。也有个别歌手公开表示欢迎大家使用 AI 模仿其声音进行创作，但前提是版税应该平分。种种案例都在提醒 AI 歌手，要想走得更远还要做很多事情。

相关部门要加速制定和完善相关法律法规，让创新在规则内运行。不可否认，脱离了优质的版权内容，AI 歌手才艺再高也无用武之地。AI 歌手之所以能轻松驾驭各种曲风，是通过一定的程序进行"深度学习"，在"学习"过程中不可避免地要收集、储存大量他人已享有著作权的信息，这就有可能构成对他人著作权的侵害。从目前法律来看，AI 歌手还涉嫌侵犯歌手本人的肖像权、姓名权。虽然 AI 歌手价值明朗，但现阶段还不能成为企业或个人牟利的工具。只有处理好版权关系，AI 歌手才有光明的前景。

AI 歌手走红体现了技术新高度。强大的机器学习模型、语音合成技术让 AI 歌手的音色基本能达到"以假乱真"效果，AI 歌手熟练掌握音调、节奏等音乐要素展现人工神经网络的发展水平。当前 AI 技术在音乐领域的应用仍停留在调教、翻唱等方面，如何与音乐创作、音乐表演更好结合成为未来备受关注的发展方向。我们还需要继续投入研发，提升原创能力，让技术更好服务音乐产业。

可以期待的是，随着技术不断进步，消费者需求不断变化，人工智能将在音乐领域发挥越来越重要的作用。比如，提高传统音乐创作效率，激发音乐产业创新力，推动音乐产业数字化变革。AI 歌手加入竞争，说不定还能成为促进歌手提升业务水平的动力，倒逼音乐人脚踏实地，不断进步。

AI 歌手已经为我们打开了音乐世界的另一扇窗。未来，更多 AI 文化创意产业值得我们去畅想和期待。

（刊发于 2023 年 5 月 21 日综合版）

阶段性"减"助力电影市场更长远"增"

电影行业盼来一场及时雨。5月21日，财政部和国家电影局发布《关于阶段性免征国家电影事业发展专项资金政策的公告》。公告显示，为支持电影行业发展，自2023年5月1日起至2023年10月31日免征国家电影事业发展专项资金。

国家电影事业发展专项资金依据《电影管理条例》而设立，目的是更好促进中国电影事业发展。征收标准按照县及县以上城市电影院电影票房收入的5%提取。专项资金主要用于扶持国家倡导的重点影片生产，特别是对弘扬主旋律、讴歌真善美的作品给予支持。专项资金还被用于城市电影院的维修改造，让人们在家门口就能看上精彩大片。近年来，农村地区观影条件不断改善，也离不开专项资金的大力扶持。专项资金推动了文化高质量发展，满足了人民群众精神文化生活期待，发挥了电影行业"蓄水池"、电影产业"助推器"的作用。

受疫情影响，电影行业资金紧缺、项目减产、库存加剧、上映不确定性因素增加。2020年上半年，国家出台过一系列帮扶电影企业纾困发展的政策，可谓雪中送炭。眼下，电影市场回暖复苏势头良好，但回血需要时间，一些影院的生存状态并不乐观，仍有影企在为融资犯难。越是吃劲的时候，越要再加把劲，阶段性免征专项资金恰逢其时。这次阶段性免征专项资金时间跨度更长，涵盖了五一档、暑期档、国庆档三个重要档期，帮扶力度更大，企业更解渴。暂时的"减"是为了长远的"增"。多家影企负责人表示，等到行业重振旗鼓，愿意拿出更多资金支持电影事业发展，让专项资金发挥更大作用。

此次阶段性免征专项资金，相当于为影院和片方直接增加了票房收入。可以预见，此举必将加快更多新片的定档进程。阶段性免征专项资金，有利于增强市场活力。一些还处于观望状态的影片也会尽可能选在免征期内上映。经历疫情的电影市场触底反弹，观众对好电影、好内容的渴望只增不减。帮助企业减负，轻装上阵，有利于企业把主要精力用于淬炼"内功"，创作好剧本，生产好电影，回馈观众。

长远看，助力电影行业复苏提速，还要进一步完善电影领域财政、信贷、融资、保险、外汇等扶持政策，落实促进电影产业发展的税收优惠政策，引导相关文化产业专项资金、基金加大对电影产业的投入力度。同时，电影行业也要继续拿出亮眼的作品和票房表现证明自己，让投资者对电影行业更具信心。

（刊发于 2023 年 5 月 27 日综合版）

莫让"黄牛"搅乱演艺市场

随着线下演出市场强劲复苏,演唱会项目批量上新。不少热门演唱会门票溢价数倍,仍然一票难求。

演唱会为啥这么火?这是疫情后的久别重逢,是三年积攒的热情喷薄而出,也是拥抱春暖花开的一种仪式感。音乐狂欢的背后,蕴藏着人们对美好生活的向往,寄托着人们对生活的信心和对未来的期待。

这也是消费升级的信号。如今,人们对文化产品的需求更突出交互感、场景感和代入感。演唱会是音乐的现场呈现,观众可以身临其境,感受音乐、舞美、灯光的魅力。比起一个人戴上耳机聆听,年轻人更喜欢呼朋引伴,共同观看演唱会成为一项社交活动,充满吸引力。

演出市场火热复苏令人振奋,但票难抢、溢价高也成为不和谐的"音符"。其实,令"粉丝"不满的不是抢票难,而是"黄牛"烦。对"黄牛"的不满也分等级,除了靠技术抢票的"技术牛"、靠人力抢票的"苦力牛"之外,最令人气愤的是一些"黄牛"摇身一变,成为合法的"票务公司",囤积居奇、哄抬票价,似乎和主办方达成了某种"默契"。"真爱粉"愿意为高溢价埋单,但前提是市场公开透明,没有人为欺诈、没有暗箱操作。

莫让"黄牛"搅乱演艺市场

演出市场复苏来之不易,理性消费才能持续发展。市场监管部门已经打响"门票保卫战",通过演出门票实名制、演出票务经营单位面向市场公开销售的营业性演出门票数量不得低于核准观众数量的70%等切实举措整治乱象,呵护来之不易的复苏势头。

演唱会门票溢价久已有之,"黄牛"一时不可能彻底清除。目前最好的办法是依靠市场之手调节。表面看"黄牛"猖獗一时,实际上也承担了巨大风险。不是所有演唱会都抢手,前些年,就有明星演唱会因为高溢价而崩盘,教训极为深刻。前几天的一场明星演唱会,有"粉丝"喊出"宁可门口站,不让黄牛赚"的口号,这些案例充分说明,尽管"粉丝"经济火热,但消费者仍有用脚投票的智慧和勇气。

对于演唱会门票高溢价的问题,从经济学角度说,是市场经济发挥作用的生动体现。当供给有限而需求无限时,价高者得。国外演出市场就有"动态定价"座位的说法,利用算法分析用户需求,如果黄金位置需求量大,价格就会自动上涨。而对于"边角余料"的座位,价格则会相应下调。我国演出市场为了保护消费者权益,对门票定价有明确规定。但也需要思考,我们的票务方式有没有与时俱进?票价动态调整机制是否可行?

演唱会一票难求已成热门经济现象和消费现象,也反映出居民文化消费水平逐年提升,日益增长的精神文化需求还未得到充分满足。面对需求侧的火热,演出市场还能捧出多少拿手好戏?当市场回归理性,行业应该如何继续良性发展?这些都需要进一步思考。

(刊发于2023年6月3日综合版)

"两个效益"彰显文化企业使命担当

今年以来，我国文化产业表现亮眼，文化消费需求较快释放，文化新业态行业快速发展，文化企业利润实现较快增长。

文化企业如何在强国建设中彰显使命和担当？第十五届"全国文化企业30强"榜单给出了清晰答案。比如，中国电影股份有限公司去年出品并投放市场影片14部，累计实现票房145亿元，占同期国产影片票房的57%。博纳影业出品的《长津湖》系列两部电影最终累计票房约98.5亿元，成为中国影史票房成绩最高的系列电影，实现了社会效益与经济效益双丰收。通过发挥社会效益的巨大力量来实现对市场效益的引领，坚持双效统一，是文化企业在激烈的市场竞争中赢得一席之地的关键。

追求市场价值并不等于文化产业发展要将市场作为主要衡量标准，更不能为了短期内获得丰厚的经济回报，就刻意迎合消费者某些低审美需求。文化企业是精神产品的供应商，生产的文化产品首先应正确引导社会价值，投放优质健康的文化内容。保利文化集团股份有限公司擦亮红色演出招牌，推出《千里江山》等一批经典和原创剧目；完美世界推出中文音乐盒《花脸》，让全球超4000万用户首次听到了中国"非遗"文化瑰宝秦腔之美。事实证明，坚持正确价值导向必然受到市场高度认可。这些文化企业之所以经济效益好，正因坚守文化价值，满足了人民群众日益多元的审美需求。

我国已成为图书、电视剧、动漫等领域世界第一生产大国。但要看到，我国每年虽出版40多万种图书，但具有国际影响力的作品还远远不够；我国动漫产品数量剧增，但能体现本民族特色的产品仍然凤毛麟角。下一步，文化企业还要在"量的提升"基础上加快实现"质的飞跃"。

核心竞争力要增强，创新脚步要加快。一方面，文化菜单要进一步丰富、细化。我国文化市场供给一直很丰富，但仍存在大量重复、同质化的内容，分众化、个性化的产品还不够多。文化企业要在多样化市场需求中"百花齐放"，用创新产品充分激发潜在消费需求。

另一方面，文化产品的"含科量"要增加。科技加持、数字赋能，正是推动文化火车加速的不竭动力。近年来，以创意性和新技术为特征的文化产业新业态层出不穷，以数字藏品为例，已经与文物、音乐、游戏、影视充分融合，释放强大版权价值。在用好新技术的同时，文化产业依然要坚持内容为王，用技术创新倒逼内容革新，用市场竞争力彰显企业使命担当。

（刊发于2023年6月10日综合版）

电竞业亟须实用复合型人才

高考结束后，网上对选专业的讨论热火朝天。围绕热门还是冷门、前景还是兴趣，网友们争论不休。其中，这两年比较热的电竞专业成为讨论焦点之一。

当前，电竞专业在大众心目中的形象越来越正面了。早在 2003 年，国家体育总局就将电子竞技列为中国第 99 个体育运动项目。这是国家重视电竞产业的体现，相关从业者也逐渐获得来自社会和家庭的认可。即将举办的杭州亚运会上，电子竞技首次成为亚运会正式比赛项目。

开设电竞专业是高职院校适应市场需求的体现。如今，中国已成为全球最大电竞市场。数据显示，2022 年中国电子竞技产业收入达 1445.03 亿元，电竞用户规模约 4.88 亿人，在产值规模、用户人数、发展速度等方面稳居世界第一。电竞产业已形成一条关联性极强的产业链，涉及体育、娱乐、电信、软硬件设备制造等方方面面。与日益壮大的产业规模相比，人才缺口不容忽视。为满足市场对电竞产业人才的需求，目前已有中国传媒大学等 65 所高校开设了电竞相关专业。

要想选择合适的专业，先要搞清楚学什么。电竞产业属于新兴产业，是文化与科技融合发展的产物，具有极强的学科交叉性。在没有形成自身核心理论之前,艺术学、经济学、管理学、计算机等领域都需要广泛涉猎。不仅要关心学什么,还要考虑学出来能干什么。目前,电子竞技产业岗位种类已超100种。相比于万里挑一的电子竞技选手或教练,产品研发、赛事运营、市场营销等方面的人才是未来电竞就业的主要工种群体,市场需求旺盛。

今天的学子就是电竞产业明天的希望。应该看到,电竞产业人才稀缺,缺的是适应市场需求的复合型人才和推动产业高质量发展的创新型人才。因此,电竞人才培养要高度重视与行业接轨。目前,已有高校探索产教融合、校企合作等育人机制,意在培养更多实用型、复合型人才,从而更好顺应电竞产业发展需要。

电竞产业朝气蓬勃,前景光明,能否继续做大做强,人才是关键因素之一。值得高兴的是,选择电竞专业的学子大部分是出于自身热爱,这份热爱正是推动行业持续发展的强劲动力。我们乐见电竞真正成为年轻人逐梦的舞台,也盼望电竞人才与行业共同成长、彼此成就。

(刊发于2023年6月17日综合版)

乡村赛事要平衡好"商味"和"村味"

近段时间,"村BA""村超"等体育赛事火遍全国。有人说,乡村赛事就是当地群众自娱自乐的体育活动,不宜过度包装炒作。也有人说,有流量就有商机,乡村赛事背后的商业价值很大,值得深挖。乡村赛事在发展中应该如何平衡"商味"与"村味"?

作为首批全国足球典型县,榕江县具有深厚的足球群众基础。在台盘村,每年农忙过后,村民都会为庆祝粮食丰收举办篮球赛。赛事之外,村民载歌载舞,摆宴庆祝,民俗文化、特色风情都显示出乡村赛事的独特韵味。

两个颇有历史的比赛为何忽然火了起来?除了当地政府大力支持外,媒体和短视频平台的助力功不可没。比如,贵州"村超"获央视新闻直播、短视频平台相关话题累计播放量超10亿次。巨大流量要适度开发,更要着眼长远。

以赛为媒,放大综合效益。体育赛事本身具有商业价值。前几天,快手平台直播贵州安顺"村BA",不仅带来了大流量,也迎合了一些品牌"接地气"的营销策略。短视频平台在挖掘赛事综合效益方面起到了"放大器"作用。

以赛为媒,打造全产业链。数据显示,台江县三天两夜的"村BA"总决赛共接待游客18.19万人次,实现旅游综合收入5516万

乡村赛事要平衡好"商味"和"村味"

元,比去年翻了一番。榕江县也在打造"超好玩""超好吃""超好住"的"超经济"。发展乡村体育赛事,不妨从产业链入手,让体育活动与旅游、餐饮、零售等相关行业合作,通过赛事影响力打造乡村经济新的增长点。

手握大流量和高曝光度这一手好牌,乡村赛事要注意挖掘"商味"而不变"村味"。首先,要保证"商味"不进赛场。从"村BA"到"村超",主办方坚持不收门票、不拉赞助。从球员到裁判员,坚持选用名副其实的村民,保证了乡村赛事的原汁原味。其次,要维护"村味"的独特性。乡村赛事接续火爆,各地形成"比学赶超"的氛围,纷纷酝酿下一个爆款。河南、福建、广东等地的乡村篮球赛也陆续进入公众视野。对平台而言,打造赛事IP宜精不宜多。赛事IP贵在特色,应深挖当地文化特色,呈现独特文化内涵。

放眼全国,还有很多地区的农村业余生活虽很生动,但缺乏关注度。有些乡村不乏热爱运动的群众,却办不起大型赛事。对此,政府和平台应发挥更大作用,让火热的乡村文化生活借力互联网传播出圈、破圈,让更多乡村体育的梦想通过融媒体传播得到绽放。

体育赛事背后具有独特的经济价值和文化价值。保留"村味"和挖掘"商味"并不矛盾。"村BA""村超"火出圈,证明了乡村文体生活不仅是群众自娱自乐的舞台,也是展示乡村振兴成果的窗口,更有望成为富民增收的新渠道。只要一切创新围绕为民初心,让群众成为赛场内外的主角,乡村体育赛事的"味道"就会越来越好。

(刊发于2023年6月24日综合版)

炒热搜造不出真爆款

暑期档剧集市场近期持续升温，与剧集相关话题频频登上热搜榜。细看起来，有些话题确实是对剧情"自来水"式的讨论，有些话题却让人摸不着头脑。比如，把虚构的剧情作为热搜词条，让人误以为是社会新闻；再比如，通过明星炒作为剧集引流，套路满满，引发网民反感。

热搜本应是网民关注度的真实体现。据平台规则，算法会根据搜索量、信息发布量、互动量、阅读量等指标，每分钟计算一次所有热词的综合热度，取前 50 名展示。在流量经济时代，热搜成为有效营销手段。影视行业通过制造热门话题，解锁流量密码——利用多个账号在同一时段发布相似内容，大量话题滚雪球式传播，帮助影视作品在短期内获得大量关注。

从某种程度上说，热搜属于公共资源。很多人看热搜就是想了解大众对时下热点的看法。过度看重热搜，甚至操控热度获取商业利益，不仅侵占公共资源，还涉嫌数据造假。如今，文化产业的竞争很大程度上已成为流量的争夺。如果缺乏及时监管，流量一旦被平台和资本所控制，热搜就容易变"热馊"，导致不公平竞争，损害公众利益。

对热搜过度营销会反噬剧作口碑。真正的好剧，话题营销能锦上添花。《狂飙》里6位饰演反派角色的演员连线为自己出演的角色进行道歉，44分钟的直播，观看人次超100万，迅速推动剧集"破圈"。而低口碑剧过度营销，会误导观众，效果适得其反。有的剧开播仅半月，就有200个词条登上热搜，远超话题自然发酵、传播的速度。一些剧目的话题营销虽紧贴社会热点却总是"热而不火"，就是因为没有高质量内容支撑。在人人都有麦克风的时代，真正的爆款口口相传，不吹自爆。而那些舍本逐末的"伪爆款"，往往热搜越多，骂声越大。

当前，我国电视剧产业已进入高质量发展阶段，不能让"伪爆款"破坏行业风气。一方面，要斩断流量黑灰产业链。"清朗"行动开展以来，虚假点赞、流量造假、操纵榜单、控制热搜等现象已有所改善。相关部门要对过度炒作、炮制"爆款"、控评等行为适时开展专项督查和"回头看"，杜绝问题反弹反复。另一方面，要畅通影视作品评价渠道。大部分社交平台本质是商业平台，无法确保绝对权威与公正。影视行业宣发需要正确的"指挥棒"，增强优秀作品导向。相关部门、文艺评论家、职业影评人都要行动起来，引导大众理性观赏，促进行业健康发展。

热搜天天有，但经典不常有。《人世间》《狂飙》《漫长的季节》这些作品之所以能够引发观众共鸣、持续创造话题，是因为思想精深、艺术精湛、制作精良。深谙流量密码不代表具备爆款品质，追求一时热度无益于打造传世佳作。在影视行业降本增效的背景下，应该把有限的人力、物力用于提升内容品质。我们期待从热搜中看到影视业真正的热度，也期待更多经得起时间检验的"爆款"佳作登上热搜。

（刊发于2023年7月1日综合版）

讲好时代的新故事

今年电影暑期档竞争异常激烈。80多部影片陆续加入"激战",既有好莱坞经典IP重回大银幕,如《变形金刚:超能勇士崛起》《蜘蛛侠:纵横宇宙》;也有日本动漫延续"情怀杀",如《灌篮高手》《哆啦A梦:大雄与天空的理想乡》。令人意想不到的是,国产电影《消失的她》在激烈角逐中脱颖而出,上映10天票房突破20亿元。目前,该片正以超强话题度引领票房继续走高。

《消失的她》之所以能突出重围,题材优势功不可没。该片"过山车"般的剧情设置与大银幕的沉浸感完美匹配,契合当下悬疑风热潮。影片故事则来源于一起真实案件,悬疑外壳包裹生活哲思,尝试展现一些社会议题。尽管有评论者提出质疑,但不可否认,影片突破了犯罪题材与悬疑叙事融合手法的局限,在商业上迈出成功一步,为小众题材提供了可借鉴的范本。

不同于以往国庆档、春节档主要靠一两部主旋律或科幻题材扛起票房大旗,今年暑期档赢在了题材多样性和内容丰富性。除了《消失的她》,目前热度较高的还有老年人题材《我爱你!》、大山孩子的追梦故事《八角笼中》。讲述中华传统文化的国创动画《长安三万里》自点映后也备受关注。一个百花齐放、繁荣兴旺的暑期档,不仅让观众拥有更多选择,也为票房"黑马"提供了舞台。

讲好时代的新故事

今天的电影市场，面临前所未有的挑战。既要与电视、流媒体争夺时间，又要面对观众消费习惯的改变。一部《消失的她》让"消失"的观众重回影院，说明观影需求还在。市场需要更多具有深刻内涵和社会价值的新颖题材，观众需要更多打动人心的好故事、新故事，供给侧应开发多元化、多层次产品，满足不同消费需求。

被寄予厚望的好莱坞大片截至目前集体"失灵"，也说明今天的观众更加理性，雷同的剧情、缺乏灵魂的人物、令人视觉疲劳的特效，很可能无法燃起观众热情。讲一个新颖有趣的故事，远比反复咀嚼老IP、贩卖情怀更得人心。

要讲好时代的故事。目前，电影市场聚焦现实题材，反映现实问题的作品还不够多，有锐度、有深度的作品尤为稀缺。电影要坚持以人民为中心的创作导向，真正深入生活，深入实际，力求每一部作品都能对生活有新发现，对艺术有新表达。

要研究为谁讲故事。从灯塔专业版提供的用户画像来看，《消失的她》女性观众占比近八成，切中女性观众的情绪助力该片取得高票房。应该看到，不同消费群体的消费价值观、消费方式、消费喜好及消费行为存在较大差异。电影市场要深入研究目标群体特征，让内容供给更加分众化、精细化。

要修炼讲故事的内功。一方面，重视原创。原创是佳作的源头。只有重视优质原创内容和原创人才的培育，行业才能可持续发展。另一方面，充分运用新模式、新技术，为观众创造差异化娱乐体验。要看到，运用新技术并非一味追求工业化和特效，技术创新赋予电影更多想象力，但最终给观众带来强烈共鸣的还是好故事本身。

（刊发于2023年7月8日综合版）

网文平台"诱饵式"收费不可持续

一部小说，如果迟迟等不来结局，你会一直读下去吗？如果这样的小说还要按章节收费，你会愿意为它埋单吗？最近，有读者反映，在某网络文学平台，一部小说连载3000多章仍然没有结局，为解锁最新章节，自己已花销700多元。

欲知后事，只能通过付费层层解锁，网文平台这种"诱饵式"收费模式看似抓住了商机，实际失去了人心。有的连载小说全部读完需要花费好几百元，比精装实体书、电影票、网剧会员还贵。消费者起初会为好奇心埋单，一旦算明白这笔账，难免会对付费模式产生质疑和不满。

网文跌宕起伏的情节、天马行空的想象力、接地气的表达以及与作者互动甚至共创的乐趣，总能让读者牵肠挂肚、欲罢不能。为网文付费更像是"粉丝经济"的产物。作者靠优质内容"圈粉"，平台借力使力，共同实现商业价值最大化。

不过，内容付费关键在"内容"，"诱饵式"收费不利于优质内容创作，还容易滋生怪相。比如，一些网文为博眼球，故事初期往往节奏快、内容精彩，后面则敷衍了事，虎头蛇尾。另外，网文平台通常会在剧情即将达到高潮时设置收费卡点，导致作者把主要精力花在"卡点"上，不求内容过硬，只求付费转化，读者自然难以感受到物有所值。

在内容付费领域,"诱饵式"收费套路广受诟病,比如网络电影试看6分钟、音乐平台升级会员才能解锁更高音质等,这些规则都是追求平台利益最大化的产物,容易引发用户不满,甚至用户流失。

互联网时代,人的时间和注意力成为稀缺资源,内容产品稍不留神就有被替代的风险。无论是影视、音乐,还是游戏、阅读,都得拿出"十八般武艺"。用什么留住"老粉"、圈住"新粉"?与其精心设计"诱饵",不如拿出"干货",把选择的权利交给消费者。

内容创作精细化。年轻化的互联网读者更愿意以"短平快""碎片化"的方式来迅速获得情绪共鸣。在此背景下,短故事在网文赛道崛起,只需两三万字,将核心情节进行浓缩表达,就能实现过往小说动辄10万字的文字价值转化。网文市场要关注当下年轻人注意力短缺、阅读时间缩减等变化,为用户提供更加精细化的阅读服务。

版权运营多元化。如今,"看"已经不是阅读的唯一方式。"耳朵经济"也成为网文IP开发的重要形式。优质网文IP还成为影视改编的源头活水,爆款频出。数据显示,我国网文IP市场规模年增长超百亿元。寻求商业价值最大化,不妨在优质IP打造上下功夫。让作品以多元形态呈现,进一步增强作品生命力、扩大影响力。

(刊发于2023年7月15日综合版)

城市漫步能否再造"网红之城"

最近,一种"轧马路式"旅行悄然走红,年轻人称之为"城市漫步"。在社交平台,相关笔记攻略颇具人气,热门路线带动周边餐饮订单量大幅上涨,成为当下备受关注的文旅新潮流。

"城市漫步"并非新事物,它和最早在英国流行的 city walk 很相似。旅行者漫步于城市的大街小巷,追求一种休闲自在的生活方式。不同于快节奏、高强度的"特种兵式"旅游,也不同于热火朝天抢门票的"刷景点式"旅游,"城市漫步"主打一个随心所欲,靠沉浸式、慢节奏赢得年轻人的青睐。

"城市漫步"流行,为一些城市带来了流量。有的城市借此大搞文旅营销,为自己贴上"城市漫步热门地"的标签。一些短视频文案只要蹭上"城市漫步"4个字,就有了热度,如同掌握了流量密码。不过,关注"城市漫步"不能只盯着流量。思考背后的文化现象,抓住发展机遇,没准能借助这波热度再造一个"网红之城"。

增强文化引力是"必答题"。如今,走马观花式旅游已经不能满足年轻群体的需求。"城市漫步"看似漫无目的,实则追求更深层次的文化体验。除自然景观之外,游客还能看什么?文化是不可或缺的内容之一。北京的南锣鼓巷、福州的三坊七巷、长沙的橘子洲头……这些热门旅游线路之所以人气旺,就在于寻求到了历史文化价值与商业价值之间的平衡。当前，国家正在打造一批文化特色鲜明的国家级旅游休闲街区。在未来旅游业竞争中，文化特色越鲜明，就越有竞争力。城市在发展中要更加注重对当地特色文化的挖掘与保护，盘活历史文化资源，讲好城市故事，为游客漫步提供更多精品线路，激发更多旅行灵感。

撬动消费活力是"加分项"。北京胡同里的小众咖啡馆、上海弄堂里的潮流健身馆、成都路边的特色茶馆……隐藏在城市深处的宝藏小店，是一座城市的独特印记，也能从中窥探个性化的消费趋势。社交平台上受欢迎的"城市漫步"路线基本上都能满足场景、购物、餐饮这三大要素。甚至有人的旅行目的就是"逛吃逛吃"，探店是他们解锁陌生城市的新方式。当前，各大城市纷纷探索旅游撬动消费的密码。特色小店可以作为突破口，要让小店经济有序发展，赋予其合理的生存空间，让其成为引流聚气、激活消费的"一池春水"。从商家的角度说，等客上门不如主动出击，在产品、服务、环境上多下功夫，吸引城市漫步者走进来、停下来、留下来。

今年以来，互联网助力城市引流、破圈的案例层出不穷。继西安"盛唐密盒"、淄博烧烤等火出圈后，"最适合漫步的城市"也成为城市营销的新噱头。下一个"网红之城"在哪里？"城市漫步"或许是一次破圈良机。不过，机会总是青睐有准备的人，成为"网红"城市靠的不是一时运气，而是厚积薄发、久久为功的努力。

（刊发于2023年7月22日综合版）

"长安"靠什么长红

国漫电影《长安三万里》火了。火起来的不只是电影，还有西安旅游。一边，"诗仙李白"出现在大唐不夜城街头，游客争相与之吟诗作对；另一边，影片同款暑期研学游上线，首日销售额就突破百万元。

"长安"再次受到热捧，让人想起多年前的网剧《长安十二时辰》。它不仅一播出就引发收视热潮，还衍生出长安十二时辰主题街区这一文旅爆品，开创了"影视+文旅"新业态。从《长安十二时辰》到《长安三万里》，熟悉的配方，熟悉的味道，都是依托"长安"IP，实现文旅联动。当年十二时辰主题街区就是依托网剧传播优势、提升景区知名度，同时剧作也借景区加持提高收视率。这次《长安三万里》热映期间，西安与剧方同步，全流程策划宣传方案，影片全国首映最为重要的主会场便设置在大唐不夜城。影视和文旅的"双向奔赴"，为"长安"IP的走红添了一把火。

在许多人印象中，曾经的大唐不夜城不过是"仿古建筑一条街"，同质化的网红餐饮、汉服体验让人审美疲劳。如今，街还是那条街，却因为有了"房玄龄""杜如晦""李白"，令人流连忘返。无论是靠"爆梗"表演走红的"盛唐密盒"，还是专程来找"李白"对诗的游客，说到底，都是在围绕内容做文章，内容创新赋予文旅街

"长安"靠什么长红

区持久的生命力。

创作走心，才会触动大众的心。《长安三万里》赢得市场和观众认可，离不开创作团队对历史文化的深入挖掘。影片运用48首古诗，主创团队查阅100多部书籍，实地采风潼关、西安等地，做到了"大事不虚，小事不拘"。人物设计参考唐画唐俑，人物动作专门聘请礼仪老师，方能把唐风和诗意诠释得如此精彩，唤起观众对中华文化的情感共鸣。

如今，到电影院看《长安三万里》不仅是人们暑期休闲娱乐的一种方式，更是一次对传统文化的致敬。影片结束后，不少观众起立吟诵唐诗，电影院成为大型吟诗现场。还有人在观影后搜集史料，互联网上掀起"李白热"。一部优秀电影拉近了传统文化与普通人的距离，唤醒国人骨子里的浪漫和诗意，提升了文化自信。事实证明，诚意之作必然受到市场肯定和追捧，这种认可也将转化为巨大流量，赋能文旅消费。

"长安"火爆，也源于对消费者需求的洞察。这些年，《中国诗词大会》《中国奇谭》等传统文化题材作品走红，说明市场对此有强烈需求。文化产业从业者只有深入研究市场，关注年轻人，了解他们的情感，才能为文旅产业提供更多内容支撑，助力文旅产品更新迭代。

文化是旅游的灵魂，旅游是文化的载体。文旅产品从"网红"变"长红"，需要源源不断的内容创新。中华文明博大精深，拿出任何一段来讲故事，都足以令人期待。影片中有一句台词，"只要诗在，长安城就在"。作为一个成功的文旅IP，"长安"还需要更多好故事、新创意，以及历史文化与现代场景的深入融合，这些才是"长安"持续长红的密码。

（刊发于2023年7月29日综合版）

景区创收不能只靠门票

最近，有游客反映滕王阁景区门票"五花八门"，光是夜游就分出"畅园夜游""夜登滕王阁""寻梦滕王阁"演出等多个种类。受到质疑的主要是39.9元的"畅园夜游"。说是"畅游"，却不能进入滕王阁主景区，要想登阁，还得补票。

面对游客质疑，滕王阁景区迅速回应并及时调整票价，说明景区高度关注游客体验，充分接纳游客建议，得到了游客的点赞。滕王阁曾在2013年因推出背诵《滕王阁序》免门票活动而成功"出圈"。景区深知，在新媒体时代，口碑才是最大竞争力。景区正视问题，知错能改，广泛听取群众意见，不断改进服务，相信会赢得更多游客的关注。

当然，门票争议所反映出的景区收费政策混乱需要高度关注。例如，前段时间，一些景区在实行免门票政策的同时，悄然提高了缆车、摆渡车等费用，再加上近期饱受争议的"票中票""围墙遮景""圈地收费"等乱象，都严重影响游客体验，引发游客不满。

门票定价不仅是景区的经营策略，也关乎消费者的知情权、选择权。相关部门要尽快制定方法，明晰标准，公开透明，坚守诚信，防止五花八门的门票沦为消费陷阱，还游客一个安心、舒心、放心的游览体验。

景区创收不能只靠门票

门票争议仍然是景区"门票思维"的延续。在旅游业最艰难的时期,全国有近1000家景区实行了不同程度的门票免费、折扣政策,为的是尽快引流,刺激消费。如今,随着旅游市场加快复苏,居民出游意愿增加、出游需求充分释放,一些景区又来拿门票做文章。看来,真正摆脱门票经济,关键还要强化创新意识、提高创新能力。

短期看,景区摆脱门票经济必然会经历一次阵痛。取消门票或门票降价会导致游客数量激增,如果配套设施、服务质量和旅游体验跟不上,那么反而影响了游客体验。另外,景区运营需要成本,长期实施免票或门票大力度折扣,有些景区未必吃得消。门票降价背后的系列难题不仅需要景区自身破解,也需要当地政府给予关注和帮扶。

长远看,景区生意何止一张门票?由"门票经济"向"综合消费经济"转变必将获得长期利好。统计表明,旅游产业链效益约为门票价值的7倍。门票收入在旅游经济中的比重在降低,二次消费带来的综合收益在提升。这方面,杭州西湖的例子最具说服力。据杭州相关部门统计,只要每个游客在杭州多留24小时,杭州市的年旅游综合收入便会增加百亿元。景区一旦突破"门票思维",创新天地无比广阔。用发展的眼光看,做大景区IP,远比一张门票所产生的综合效益更大,更可持续。

国家发展改革委最近公布"恢复和扩大消费二十条措施",鼓励各地制定实施景区门票减免、淡季免费、一票多次等措施。新形势下,旅游企业应该顺势而为,用创新思维把"好风景"讲成"好故事",以开阔胸襟广迎天下客,推动文旅产业复苏重振跑出"加速度"。

(刊发于2023年8月5日综合版)

演唱会不能只算经济账

今年以来,线下演唱会迎来强劲复苏。门票秒光,赞助商大赚,平台"赢麻了",还拉动举办地文旅消费屡创新高。在收获高人气的同时,演唱会也遭到了不少消费者吐槽。今年上半年,全国消协组织受理投诉热点问题中,演出票务问题尤为突出。价格不菲的演唱会能否值回票价,引发广泛关注。

有消费者提到,网购演出票就像拆盲盒,一些位于视觉盲区的"柱子票""墙根票"让观众全程"只闻其声不见其人"。此外,退票难也成为消费领域维权痛点。平台往往以演唱会门票具有稀缺性、时效性等特点为由,拒绝退票要求。凡此种种,说明演唱会票务服务与大众期待还有一定差距。

不可否认,受场地、明星档期等条件限制,演唱会具有一定稀缺性。但稀缺并不是拒绝退票的理由。观众消费热情要精心呵护,只有更好保护消费者权益,提高消费体验,才能促进消费潜力进一步释放。

演唱会既要算经济账,更要算社会效益账。监管部门要引导平台和企业平衡好商业价值、文化价值和社会价值。随着歌迷逐渐成熟理性,会对演唱会质量提出更高要求。歌手、音响、灯光、舞美、售后,每个环节都要与价格不菲的演唱会门票相匹配。演出公司不能只管搭台卖票，更要加强对演出质量和观众体验的把关。演唱会品质高了，观众体验感好了，自然就会觉得"值回票价"。

票务平台要承担起相应责任，确保观众权益得到保障。稀缺性、时效性并非演出行业独有特性，在航空、铁路、旅游业都具有类似特性的行业，均有合理退改票方案。售票平台和主办方不妨借鉴航空、铁路、旅游业等行业的退改票方案，推出可退改门票。同时，通过完善实名制、阶梯式退改制度，充分保障消费者的自主选择权和公平交易权，推动演出票务交易公开透明。至于观众投诉较多的"柱子票"，现在 VR 全景等技术早就可以实现"选座自由"，就看平台有没有诚意去解决。

如今，跨城观演成消费热点，歌迷追求的不仅是看演出，更是吃住行游购全方位消费体验。从这个角度说，演唱会举办地既要引客，更要留客。比如，出台系列举措，从酒店服务、交通保障、市场监管、安保举措等多方面为观众服务。相关行业协会也可以发挥作用，自觉控价，不随意涨价。有些城市还致力于打造"演艺之城"，通过不断优化营商环境和惠民惠企政策，打造浓厚的演艺氛围，让演唱会经济成为城市发展新名片。

关注演唱会经济，重要的不只是经济效益，更要看能否提供更多既满足人民文化需求，又能增强人民精神力量的产品。随着人民群众日益增长的文化消费需求不断释放，对文化产品和服务的要求会越来越高。演出市场还要以观众需求为导向，为广大消费者提供更多物有所值的文化产品和服务。

（刊发于 2023 年 8 月 12 日综合版）

"茅奖"这座富矿值得影视业发掘

近期，第十一届茅盾文学奖获奖作品揭晓引发关注和热议。《雪山大地》《宝水》《本巴》《千里江山图》《回响》5部获奖作品，不仅反映时代变化，更突出人性和情感表达，展现了新时代文学的新风貌和新气象。值得期待的是，这些作品大部分已走上影视转化之路，即将在荧屏上与观众见面。

近年来，文学作品成为影视剧改编的"宠儿"。影视剧制片人和投资人热衷于将文字故事搬上荧屏和银幕，获得市场与口碑双重认可。其中，茅盾文学奖获奖作品是影视创作重要的"选题库"。从20世纪80年代的《芙蓉镇》《钟鼓楼》《平凡的世界》，到90年代的《长恨歌》《尘埃落定》《白鹿原》，再到《暗算》《推拿》等，每届茅盾文学奖获奖作品都有影视转化的成功案例。第十届茅盾文学奖《人世间》改编成电视剧后大获成功，让观众更加期待文学名著搬上荧屏。

文学加影视为何频出爆款？一方面，无论是文学作品还是影视作品，都有自身的受众群体。二者联姻就像一次"破圈"营销，能够突破原有圈层，被更多受众接纳和认可。另一方面，文学和影视都有各自的传播特点，二者合作有利于创新突破，产生新的题材和创意，赢得更多观众的认可和喜爱。

"茅奖"这座富矿值得影视业发掘

观众期待"茅奖"作品搬上荧屏，实际是期待影视产品回归内容为王。一段时间，影视产业受到商业利益的影响，有一些影视作品为迎合市场趋势，牺牲了艺术品质和思想内涵。市场出现大量翻拍、续集、改编作品，缺乏原创性和创新性。一些作品盲目追求流量，忽视了受众真实的情感和需求。因此，影视市场亟须更多思想精深、艺术精湛、制作精良的精品力作，以满足观众的需求和市场的期待。

文学与影视一旦联姻成功，就会产生乘数效应，不断放大优秀文化的传播力和影响力。"一部文学作品也许只有30万人读过，但变成影视剧后会有300万人甚至3000万人看见"，此言不虚。数据表明，许多消费者在观看剧目后会选择阅读原著，被改编成电影以及电视剧播出后，相关图书热销，原著小说在线阅读率持续上涨。优秀文学作品借助影视化力量实现"破圈"，不仅有效提升影视产业发展质量，也能反哺图书市场，为优秀文化的传播提供广阔舞台。

影视与文学联姻是一件非常严肃的事情，不仅需要一双"慧眼"，更要修炼"内功"，既要尊重市场规律，也要尊重艺术规律。如果急功近利，粗制滥造，那么不仅会伤害影视产业，而且会破坏原著自身的影响力。这也提醒相关从业者，在影视创新中要不断寻求艺术价值与商业价值间的最大公约数。

促进更多文学作品成为影视行业的创意源头，还需要产业化运作。影视是一门综合艺术，需要打通文学创作、出版发表、版权交易、衍生转化等各个环节，用更科学的手段探索、评估文学作品的改编潜力。随着IP产业化运作日益成熟，还会有更多优秀文学作品走向荧屏，期待文学与影视双向奔赴，打造更多具有世界影响力的中国文化IP。

（刊发于2023年8月19日综合版）

暑期档电影市场新变化

暑期档还在持续刷新纪录。据灯塔专业版数据显示，截至8月24日，单日票房连续65天破亿元。暑期档单日票房连续破亿元，反映出电影市场发生3种变化。

一是大量观众重返影院。暑期档有高达52.7%的观众是今年第一次走进电影院，这说明低频用户的观影习惯正在培养。同时，年观影量达5次以上的资深影迷占比也有明显提升，说明高频观众的基本盘得到巩固。

二是日常观影需求有所提高。这两年，电影市场的票房高峰集中在国庆档、春节档，节假日去影院正成为越来越多人的选择，但也给平时带来一定压力。比如，2021年国庆档《长津湖》上映，掀起一轮票房高潮，此后，全国单日票房迅速回落至2200万元左右。今年暑期档单日票房连续破亿元，说明每天都有一定数量的观众走进影院，保证了票房大盘基本稳固。

三是好电影越来越多。今年暑期档，电影市场不再只靠一两部爆款，而是呈现百花齐放态势。目前，已有4部影片票房超过20亿元，且全部是国产影片。前两年，电影市场"二八现象"明显，一两部电影瓜分大部分票房，票房分布不均也加剧了市场的不稳定性。今年暑期档影片整体质量较高，打破了"二八定律"，实现了均衡发展。

3个变化折射电影市场的向好趋势，但中国电影要想实现长远发展，还须从以下几个方面努力。

一方面，加大优质内容供给。一年有50多个周末，除节假日外的这些周末是电影市场的蓝海。如果每周上映七八部新片，那么一年就有300多部电影上映。市场上的好片、新片多了，观众就会慢慢形成日常观影习惯，从而带来电影产业的良性循环。电影出品方应该增强信心，破除"热门档期依赖"，加强周末档的优质影片供给，满足观众的日常观影需求。

另一方面，扩大观影人群。今年暑期档吸引了很多短视频用户走进影院。例如，《孤注一掷》就是靠短视频营销出圈，凭借碎片化表达、裂变式传播，加上善于制造话题，把观众的好奇心和期待值拉满。以前总担心短视频等新兴娱乐方式分散受众的注意力，现在看，短视频可以成为电影宣传推广的重要渠道，用好这一营销手段，可以提高电影知名度和期待值，驱动更多观众走进影院。当然，短视频宣发为影片赢得的仅仅是个开头，要让更多人走进影院还是要靠观众的口碑，助力票房释放长尾效应。

扩大观影人群还要增加电影种类，为观众提供多元选择。今年暑期档，女性观众占比超六成，女性观众消费潜力充分释放。此外，拖家带娃、组团观影的比例也有所上升。能够看出，电影行业已经开始关注不同群体的精神文化消费需求。中国电影的分众市场已经出现，只有更加重视"类型电影"和"类型观众"，才能有的放矢地扩大观众群体。

如今，人们的文化生活多姿多彩，电影在大众文化消费菜单中能否成为"主菜"，还是要看内容本身。电影制作要进一步提升品质，坚持思想精深、艺术精湛、制作精良的标准，用好内容培养观众观影习惯，观众对大银幕的美好期待就是中国电影可持续发展的不竭动力。

（刊发于2023年8月27日综合版）

"盗播"赛事究竟伤了谁

杭州亚运会日益临近,赛事版权保护角力也日渐胶着。近日,国家版权局等4部门联合启动打击网络侵权盗版"剑网2023"专项行动,治理未经授权、非法传播亚运会等体育赛事节目就是其中重要一项。

随着网络技术进步,在线直播成为很多人观看体育赛事的方式。每逢大赛,网络上就会跳出大量比赛集锦、直播回放。点开手机就能看,让很多观众大呼过瘾。不仅如此,风趣幽默的解说、新鲜有趣的互动玩法,都为在线观赛增添了吸引力。至于这些内容是否有官方授权,却很少有人关心。

当前,公众对版权保护的关注更多集中在影视作品、网络文学等领域,对体育赛事的版权保护意识还比较模糊。一方面,著作权法保护的是具有独创性的内容,体育竞技活动能否纳入著作权保护范围存在争议;另一方面,"盗播"侵权形式复杂多样,甄别体育赛事节目的版权"真面目"也并不容易。

从产业角度看,"盗播"行为破坏了版权产业秩序,给体育赛事带来巨大经济损失。杭州亚运会这样的大型国际体育赛事具有重要社会影响和经济价值,其版权是很多媒体和投资者必争的"富矿"。"盗播"平台肆意"截流"不仅有违市场公平竞争原则,也损害了赛事本身及其转播商的正当经济利益。

从观众角度看,"盗播"泛滥,观众同样也是受害者。"盗播"网站时不时跳出的非法链接或二维码不是广告就是陷阱,观众被各类涉黄、涉赌信息侵扰,危害身心健康。更严重的是,"盗播"会导致赛事经济效益折损,投资者投入减少,将会影响大赛的品质提升和可持续发展。

保护版权需要大众深刻认识侵权盗版的危害,不断增强版权保护意识。维护大型体育赛事版权,除了打击"盗播",对体育赛事品牌、赛事名称、特许商品、数字藏品等领域的保护同样不可或缺。因此,有效遏制侵权行为,须加大治理力度。

拔本塞源,及时止损。电商平台、浏览器、搜索引擎等表面上看起来不是直接侵权方,但对于那些反复存在且一望可知的侵权行为,平台有不可推卸的责任。"剑网2023"专项行动进一步压实了平台主体责任,严格把关盗版内容传播渠道,有助于铲除盗版侵权滋生土壤。

从技术层面看,平台对侵权内容采取删除、屏蔽、断开链接等必要措施不难实现。区块链技术可以很好解决版权纠纷确权难、监测难、取证难等问题。技术进步可以支撑企业更好发展,相信也一定能够进一步提高版权保护效果。

版权保护问题具长期性和艰巨性。在严格执法的同时,也要深入研究产业发展的特征和规律,关注新媒体时代版权领域新问题,提出长期立法目标,才能让版权在推动文化繁荣、科技进步和经济社会高质量发展等方面发挥越来越重要的作用。

(刊发于2023年9月3日综合版)

"英超"加"村超"架起一座桥

一个顶级足球职业联赛，一个"草根"足球嘉年华，"英超""村超"达成战略合作引发社会关注。近日，在2023年服贸会·多彩之夜活动上，"村超"管理中心与英超联赛代表签署了战略合作备忘录，双方将在足球文化交流、宣传推广、人才培养、产业发展等方面携手，助力中国足球持续健康发展。

双方合作的基础是对足球运动共同的热爱。足球是英国最受欢迎的体育项目之一，英超在世界各地拥有众多球迷。村超的举办地贵州榕江也对足球爱得痴狂。赛场上，他们是热血拼搏的球员；赛场外，他们是小学校长、挖掘机工人、农民……足球是一门"世界语言"，不同国家的民众虽然肤色不同、文化不同，但爱好足球的激情和执着却是相通的。

今年以来，"村超""村BA"等乡村赛事火出国门，受到外媒广泛关注，外国球星频频开启"中国行"，中国球迷对体育的热情吸引着世界的目光。高涨的热情和庞大的球迷体量背后，是潜力无限的中国市场。近年来，中国体育事业高速发展，体育产业逐渐成为拉动经济的新引擎，国际赛事、体育品牌纷纷看好中国市场。借助"村超"的流量和热度，"英超"有望进一步增强与中国球迷的互动，扩大在中国市场的影响力，深挖中国体育消费的巨大潜能。

文体市场面面观

"国际大牌"有诸多值得"乡土品牌"学习借鉴之处。比如，榕江县已经看到，足球事业的长远发展不能光靠政策补贴，走向市场化才是长久之计。"英超"在赛事运营等方面经验丰富，通过开展多层次合作，可以帮助"村超"进一步挖掘足球赛事独特的文化和商业价值。

与国际赛事 IP 牵手，还可以进一步提升城市影响力，助推当地文旅发展。听说过榕江的人也许不多，但知道"村超"的人却不少。通过合作，可以持续吸引世界目光聚焦多彩贵州：这里不仅有热火朝天的民间足球文化，还有"三天不吃酸，走路打蹿蹿"的美食文化、人与自然和谐共生的生态之美。从这个角度说，乡村赛事的内涵可以更丰富，"体育+旅游"的思路可以更开阔。

与顶尖赛事品牌合作，是机遇，也是挑战。大家通过"村超"认识了榕江，榕江仍然走在乡村振兴的道路上。足球是榕江美好蓝图的一部分，下一步，榕江还要把功夫放在"村超"之外。在"村超"这座"富矿"中，不仅要找到乡村体育的"乐子"，还要找到乡村振兴的"法子"。以此为契机，通过体育发展促进商贸合作，带动当地经济、社会、文化繁荣，让"村超"变成榕江文化振兴的抓手和产业振兴的密码。

球场上是好朋友，球场外也可以成为合作伙伴。促进经贸往来，体育往往能发挥独特的桥梁纽带作用。在全国，像榕江这样热爱体育、有运动传统的地方并不少，更多有热情、有条件的城市可以通过开展体育、文旅等特色活动，不断扩大自己的"朋友圈"，让体育的"小球"推动地方发展的"大球"转得更快。

（刊发于 2023 年 9 月 9 日综合版）

保护民众出游热情

火了两个月的暑期游刚落幕，双节合一的黄金周即将来临。近日，多平台"十一"假期旅游搜索热度飙升，旅游产品预订高峰提前到来，继续给旅游市场注入真金白银和宝贵信心。强烈出行预期带动机票、酒店价格上涨。一片涨声让部分游客望而却步：已为暑期游掏了一波钱包，黄金周还能潇洒地说走就走吗？

从市场经济的角度来看，价格的涨幅主要是由供需关系决定。旅游消费需求在假期达到高峰，供给方提高价格也是情理之中。此外，节日运营各项成本也在增加，供给方可能需要通过涨价来弥补成本。

"逢节必涨""旺季必涨"已经成为影响人们旅游出行意愿的重要因素。今年暑期，酒店、景区、餐厅等出现"价格刺客"大煞风景。强制消费、不合理低价游等乱象也引发社会高度关注。今年"五一"假期，客流量数据虽然创下历史新高，但消费只与疫情前的2019年持平。这意味着，人均消费恢复程度还没有达到疫情前的水平。当前消费信心加速恢复，但尚不稳固，此时出游花费变"贵"，很可能绊住一部分游客的脚步。

民众出游需求强劲释放，拿什么呵护这份热情？这道考题不仅需要监管部门作答，景区、旅行社、酒店、交通部门等相关方，都应拿出切实可行的预案，为即将到来的"十一"假期保驾护航。

提振消费信心，要以游客满意度为导向。从消费者的角度看，价格涨了，但供给方提供的服务和设施并没有显著提升，容易引发不满情绪。消费者喊"贵"，不一定是消费不起，而是理性消费意识的回归。今年暑期，大部分游客不再热衷高端餐饮，转而选择逛夜市。因为夜市价格亲民又透明，还能体验城市满满的烟火气。"特种兵旅游""反向旅游""城市漫步"等走俏，显示出人们出游更追求性价比，希望花小钱就能愉悦身心。如何用较高性价比满足大众个性化的旅游需求，如何让消费者愿意花更多的钱来享受更好的服务，这些都是大众旅游时代的必答题。

提振消费信心，要持续优化消费环境。在三亚，海鲜广场和农贸市场有了"信用身份证"，扫描"一户一码"即可知店情；"先行赔付"机制让游客面对纠纷更放心，底气更足；赏罚分明的"红黑榜"，培育了良好的经商氛围，市场更透明，游玩才能更舒心。

提振消费信心，要为旅行注入更多新内容。如今，大众的旅游需求已经从"有没有"转向"好不好"，从"美好风景"走向"美好体验"。今年以来，旅游消费出现非团队化、去中心化、弱景区化的趋势，造就了一批新兴目的地、新业态和新玩法。旅游行业要看到这些变化，以更丰富多样的产品供给、更贴近市场需求的产品创新、更灵活多变的供给机制不断激发市场潜力。黄金周诚然是宝贵的，但是，不受季节约束的"全时游"空间更广阔。如何激发"有闲"群体的旅游需求，盘活淡季景区的旅游资源，都为大众旅游开辟了新思路，创造了新可能。

（刊发于 2023 年 9 月 16 日综合版）

借办大赛红利促城市跃升

这段时间,杭州迎来一拨跟着赛事去旅游的"观赛团"。就在前几天,一位韩国博主手绘亚运旅游攻略在社交平台引发热议。在4天3晚的行程中,这位博主计划观看3场比赛,还要打卡杭州、绍兴、宁波3座城市的景点和特色美食。网友们纷纷表示,中国很大,杭州很美,一次根本看不完,建议多来杭州玩。

"观赛团"很可能成为城市文旅发展的"评审团"。游客来到杭州,感受城市的文化和活力,会发自内心地去点评。通过旅游笔记和照片,将自己的体验分享到社交平台。游客口口相传,胜过城市营销千言万语。一个有比赛、有故事、有美食、有美景的杭州一定会吸引更多人。

旅游经济是典型的知名度经济。从G20峰会到第19届亚运会,杭州在世界舞台上频频亮相。说起杭州,风光旖旎山清水秀,历史文化深厚悠久,自然之美与人文之美融汇出独特的江南韵味。从"天堂硅谷"到"电商之都",如今又增添了"国际赛会名城"这张新名片。举办国际大型赛事,就是在国际舞台上出彩的好机会,借势营销的杭州,知名度不断提升,成为令全球游人向往的城市。

透过赛事看城市,杭州再次向世界展示其魅力和实力。亚运会给杭州带来的变化是全方位的:"大莲花""小莲花""大玉琮""杭州

文体市场面面观

伞",别具一格的体育场馆成为城市新地标。墙面裂痕被顺势涂鸦成精美的"小花",原本杂乱的绿化带被拓宽成人行通道,独具韵味的城市景观彰显文化品位,"微改造、精提升",让杭州从"面子"美到"里子"。软环境也是硬资源,通过举办亚运会,杭州的营商环境、综合治理水平都迈上新台阶,城市美誉度不断提升,城市文旅发展翻开新篇章。

打造世界级旅游目的地不仅看风景,还要见精神。杭州亚运会绿色、智能、节俭、文明的办赛理念,也将为杭州留下一笔宝贵的精神财富。本届亚运会,杭州文旅行业从品质服务、玩法体验到数智手段上都全新转型升级:在星级酒店、精品民宿,机器人服务员随处可见;在A级景区,从预约入园到错峰游览,"数字大脑"全程保驾护航;荷美绿道、特色露营地、现代农业园,为杭州文旅消费提质扩容。智慧旅游、绿色旅游、文明旅游,人们来到杭州不仅看到美丽风景,也会看到一座快速崛起的未来之城。

"最忆是杭州,何日更重游。"杭州正以崭新面貌联结世界。我们期待,有越来越多城市学会借助大型"赛""会"实现跃升,未来发展之路越走越宽。

（刊发于 2023 年 9 月 23 日综合版）

主题乐园开辟潮玩新赛道

国内首个潮玩行业 IP 主题乐园——泡泡玛特乐园已正式营业。目前,在社交平台上,不少人分享了游园感受,有人夸它小而美,也有人抱怨门票贵。

泡泡玛特乐园最大的卖点就在于填补了国内主题乐园缺乏 IP 的空白。目前,国内大部分主题乐园要么缺乏优质 IP,要么顶多算是无主题的游乐场。泡泡玛特拥有 40 余个热门 IP,部分 IP 还火出国门。有人说,在乐园里遇见心爱的 IP,与它们建立情感联结,这种陪伴价值足以值回票价。

也有人质疑,这分明是一个大型景观购物中心。而"乐园+门店+限定款周边"的模式正是泡泡玛特追求的商业逻辑。主题乐园的线下内容场景可以强化 IP 价值,销售乐园限定潮玩则能进一步激发收藏爱好者的购买欲。

从开盲盒到开乐园,折射潮玩市场需求之变。盲盒诞生之初,由于它满足了年青一代表达自我、解压放松等需求,迅速受到热捧。但如今,盲盒模式已不能满足消费者不断变化的需求。参与感强、互动度高的消费新场景成为潮玩产品新赛道。泡泡玛特开乐园,是希望打造潮玩企业转型的"样板间",通过强化 IP 运营,进一步提升品牌影响力。

对乐园来说，有 IP 固然重要，但并非拥有 IP 就能一劳永逸。泡泡玛特乐园能否持续吸引游客，还有待观察。

一方面，在运营上要舍得投入。国内主题乐园普遍存在重投入、轻运营问题。泡泡玛特乐园要想常看常新，后期还要不断更新、扩建。只有不断注入新元素，才能提高乐园重游率。

另一方面，在内容上要持续创新。乐园的吸引力体现在 IP 的丰富性及业态的综合性上。只有提高讲故事的能力、IP 开发的能力，不断创新周边产品，才能创造新的消费热点。

泡泡玛特开乐园，从效果来看，北京文旅多了一个新地标，游客多了一个消费新场景。潮玩文化为城市增添了人气与活力，城市也为潮玩企业提供了更大的舞台去展现中国设计的能力。这样看来，泡泡玛特开乐园的意义远不止门票价值。

（刊发于 2023 年 10 月 2 日综合版）

文商旅融合发展潜力大

"人人都是游客，处处皆是风景。""凌晨 2 点的高速服务区居然热闹非凡。"刚刚结束的中秋国庆假期，人们再次从火热的旅游消费中感受中国经济的强劲动能。经文化和旅游部数据中心测算，2023 年中秋国庆假期，全国国内旅游出游人数 8.26 亿人次，实现国内旅游收入 7534.3 亿元。

出游热体现了消费需求旺。这个假期，中秋、国庆叠加亚运热潮，餐饮、出行、景点门票、住宿等服务消费势能强劲，成为拉动假日经济的主引擎。全国服务零售日均消费规模较 2019 年同期增长 153%，迎 5 年来最旺"十一"，上海、北京、成都、重庆、深圳消费规模位居全国前五。"反向旅游"持续火热，林芝、万宁、汕尾、临沧等住宿订单量翻倍增长。云南"夜生活"受到市民游客青睐，21 时之后的"深夜消费"同比增长 247%。演出游、观赛游等新出游方式成为扩内需、促消费的重要力量。

出游热体现了市场供给活。各地立足特色资源禀赋，拓展"文旅+"边界，积极培育新业态、新场景、新产品。越来越多经营主体关注到游客对深度体验的需求，研发好看、好逛、好玩的新产品，丰富了假日旅游市场供给，不仅成为满足人民群众日益增长的美好生活需要的重要内容，也成为拉动消费的增长极。

文体市场面面观

从出游热可以看出，文商旅具有巨大的融合发展潜力。围绕吃、住、行、游、购、娱，旅游市场服务消费提档升级，优质供给层出不穷，文化、商业、旅游相互渗透、相互促进，让旅游消费进入"品质需求引导供给创新，创新供给创造需求升级"的良性循环。

当前，恢复和扩大消费需要有力抓手。要充分发挥文化、商业、旅游三大领域在促消费中的积极作用，从需求侧着手，不断创新，进一步丰富消费体验，激发消费活力，释放消费潜力。

要打好"组合拳"。《关于促进消费扩容提质加快形成强大国内市场的实施意见》《"十四五"文化发展规划》《"十四五"旅游业发展规划》等系列政策规划的出台，强化了顶层设计，为文商旅融合发展提供了良好的政策环境。要看到，游客体验不仅依赖于传统的旅行服务，更与本地生活服务、基础设施、商业环境等息息相关。各地应多措并举，联合联动，持续推进文商旅融合发展体制机制、治理方式、服务质效的全方位系统性变革。

要敢走跨界路。近年来，文商旅融合的新品牌、新项目、新场景不断"破圈"。不仅丰富了旅游产品的内涵和价值，也让企业实现了更全面、多元的发展。比如，北京大运河文化旅游景区以历史文化、人文元素、运河商业、水上体育赛事等丰富文旅产业，辐射带动运河沿线文化和旅游资源，成为集休闲、度假、体验和购物于一体的国家级旅游景区；广州"2023超级文旅嘉年华系列活动"汇聚了各种广府文创、创意手工、潮玩、"非遗"体验、乐队表演等内容，走进广州各大商圈、公园、景区，成为文商旅融合发展的新实践。今后，文商旅融合发展还要逐渐从"跨界化"向"无界化"演进，形成深度融合的发展格局，为游客提供更丰富的体验和价值。

要挖掘新场景。如今，人们的消费需求日益多元，旅游休闲活动可以是追寻诗与远方，也可以是在充满艺术氛围的餐馆吃顿晚餐，或是到菜市场体验人间烟火。面对持续旺盛的旅游消费需求，旅游行业不能只盯着美丽风景，还要打造更多消费新场景。吃、住、行、游、购、娱等每一个环节都大有文章可做。要全力整合各种资源要素，串点成线、握指成拳，推动文旅自循环向"旅游+""+旅游"发展。

（刊发于2023年10月7日综合版）

"味蕾游"如何回味无穷

刚刚过去的中秋国庆假期,很多人为了"寻味"奔赴远方。去乌鲁木齐吃烤包子、去柳州吃螺蛳粉、去南京吃桂花汤圆……美团、大众点评数据显示,假期期间,全国餐厅堂食线上订座量较2019年同期增长112%。调查发现,很多地方的美食街、餐厅人气爆棚。"味蕾游"正在成为文旅消费的新动力。

吃住行游购娱,吃位居旅游六要素之首。中国旅游研究院美食旅游课题组发布的调研结果显示,92.3%的受访者会在旅游过程中做美食攻略;93.1%的受访者将体验当地美食作为前往外地旅游的主要因素之一。资深"吃货"可以为了品尝一口地道风味调整行程安排,甚至"为一顿美食赴一个村"。

"味蕾游"走红,反映出当下大众消费需求正在不断升级。在"吃"的方面,人们不再满足于填饱肚子,而是追求多样的味蕾享受。对食材的品质、口感、制作工艺等方面有了更高要求。品尝当地特色美食的同时,还可深入了解当地文化和历史,增加对旅游目的地的认同感和归属感。在"游"的方面,人们不再只是追求"看山看水看风景",而是开始进入感受美好生活的新阶段。深度参与并充分感受目的地文化内涵的旅游方式,成为越来越多游客的选择。兼具文化性和体验性的"味蕾游",顺应了消费升级趋势,抓住了发展新机遇。

　　发展"味蕾游",能够有效刺激居民和游客消费,消费又将反过来推动餐饮企业提质升级,促进文商旅深度融合。一些地方虽然不缺少美食,但因营销力度不够,缺乏有效推广,令当地美食文化陷入"酒香也怕巷子深"的困境,难以为外人所认知和了解。在这方面,可以借助大众传媒的力量,发挥影视综艺节目的作用。《舌尖上的中国》捧红了众多极具地方特色的小吃,淄博烧烤也抓住了短视频的流量红利。在互联网高速发展的今天,新媒体为城市文旅品牌和旅游形象打造提供了新助力。用好新传播渠道,有助于城市文旅提高关注度,增强影响力。

　　从柳州螺蛳粉到淄博烧烤,很多城市因美食火出圈,能否接住流量还要看城市的基础设施、服务水平等能不能跟得上发展节拍。发展旅游经济,如果不能学会从消费者的需求出发,就算有再好的资源,也无法长久留住游客。

　　"味蕾游"既是味觉盛宴,也是文化大餐。中华文化历史悠久、博大精深,诸多美食都有典故出处,了解其背后的文化传承和习俗风情,本身就是一段旅程最好的打开方式。各地在发展"味蕾游"的过程中,要从体验、场景、特色等方面入手,让游客从舌尖到心间感受美食文化的独特魅力,这样的"味蕾游"方能回味无穷。

（刊发于 2023 年 10 月 14 日综合版）

短视频营销勿本末倒置

从暑期档电影《孤注一掷》到国庆档《坚如磐石》，短视频已经成为"种草机"，成功吸引了观众注意力。从数据看，短视频热度直接影响了票房走势。业内人士指出，今日电影市场，谁抓住了短视频，谁就能在激烈的竞争中脱颖而出，领先一步。

一部影片的成功离不开宣传推广，国际电影强国都有高度专业化的推广策略。合理营销不仅能为电影市场拓展观众群，也对电影产业繁荣发展起到一定推动作用。前些年，我国电影营销主要依靠微博、豆瓣等内容平台。近年来，随着短视频用户规模不断扩大，内容生态不断丰富，在引流和传播方面的优势日益凸显。电影人顺势而为，积极探索短视频与影视内容的有机结合，为影视作品传播开辟了新阵地。

短视频平台正在为电影市场拉新、扩容。当前，电影市场的主力受众向年青一代转移，下沉市场逐渐成为电影票房的主阵地。短视频平台用户属性与电影市场主力观众高度重合，从这个角度说，抓住短视频营销，就是抓住了下沉市场和年轻人。电影市场经过多年发展，不可避免地遇到一些"瓶颈"。如果能用好短视频阵地，吸引更多尚未养成观影习惯、却有文化娱乐需求的潜在观众"路转粉"，对电影市场增量扩容具有重要意义。

短视频营销让中腰部影片获得更多"破圈"的机会。当前,电影市场头部效应明显,中腰部影片票房缺失,不利于市场健康发展。实际上,很多中腰部影片内容质量是过硬的,只不过没有大明星大IP撑场面,很容易被市场埋没。短视频营销如果能发挥四两拨千斤的作用,有助于中小成本电影增加曝光度,跑出票房"黑马",为电影市场注入更多活力。

短视频营销是一把"双刃剑",过度营销无异于本末倒置,效果可能适得其反。今年几部热门电影在短视频平台的营销颇有争奇斗艳的味道。比内容,各种幕后花絮、高光片段,看似为影片埋下了不少爆梗,但由于实际内容一般,引发货不对板的质疑。比煽情,各种观众痛哭的视频不断流出。当煽情、卖惨成为短视频营销的惯用套路,只会招致反感,甚至反噬电影口碑。要看到,短视频本身也是文化产品,需要不断创新。只有用独特方式挖掘影视作品的丰富内涵,才能实现流量与票房的高效转换。

还要看到,短视频爆款不等于银幕爆款,高流量也不一定能转化成高口碑。大众的眼睛是雪亮的,如果电影内容本身不具备口碑发酵的潜力,靠短视频招揽的新观众还是会毫不犹豫地选择离场。电影是大众的精神食粮,到底是追求短视频平台上的一时热度,还是在观众心里留下一席之地,值得每一位电影人认真思考。

(刊发于 2023 年 10 月 21 日综合版)

下一个科幻爆款在哪里

在近日举行的2023成都世界科幻大会上，中国导演协会副会长、中国电影家协会科幻电影工作委员会会长王红卫表示："尽管有了《流浪地球》的示范效应，国内科幻电影的创作与投融资仍然是'雷声大雨点小'。"下一个科幻爆款作品在哪里？引发观众、业界、学界的积极讨论。

2019年，一部《流浪地球》开启了"中国科幻电影元年"，国内掀起一股科幻创作热潮。2020年，国家电影局、中国科协联合印发《关于促进科幻电影发展的若干意见》，提出将科幻电影打造成电影高质量发展的重要增长点和新动能。眼看风口来了，中国科幻电影为啥还是"难产"？必须承认，《流浪地球》的成功更多是依靠人海战术和导演式作坊。而科幻电影创作是一项复杂的系统工程，需要高效率、低价格、稳定生产的制作体系才能可持续发展。可以说，《流浪地球》是金字塔尖，中国科幻电影的发展还需要塔基，要补的课还有很多。

电影是"烧钱"的行业，而科幻电影相比一般电影制作成本更高、难度更大。一方面，科幻虽热，却不是什么片子都能挣钱。有的科幻片耗资巨大，但票房和口碑双双失利，让投资方损失惨重。票房风险高，资本自然谨慎。另一方面，科幻电影特效及道具制作耗资也高，制作过程存在许多不确定性，进一步加大投资风险，增加融资难度。

不可否认，科幻电影是科幻产业值得开拓的蓝海。《2023中国科幻产业报告》显示，去年科幻影视产业总营收83.5亿元，同比增长16.1%。其中，科幻院线电影票房实现平稳增长，科幻题材网络电影占比有所提升，科幻微短剧成为科幻影视产业新增长点。不过，科幻电影要想在风口飞起来，还需多方面努力。

首先，加速培养创意人才。目前国内电影行业相关人才的储备相对不足。举个例子，美国科幻文学一年出版超过1000本新小说，而中国一年还不足100本。应加快培养相关人才，形成科幻创新高地。

其次，延长科幻电影产业链。目前中国科幻电影的成本回收主要靠票房和广告。科幻作品具有极高的衍生品开发价值，加强对产品衍生价值的开发与利用，建立一套完整的衍生品开发产业链，有利于提高市场回报率，增强市场信心。

最后，稳定的投资环境也是促进科幻电影发展的重要因素。目前国内电影行业缺乏多元化融资渠道，投资者在决策时面临更多风险和不确定性。如果能建立由政府资金、产业基金、创投基金组成的多元投融资体系，为科幻文化和科技企业提供便捷融资渠道，将会进一步促进科幻电影发展。同时，还须加强政策支持，如通过税收优惠、资金补贴等方式鼓励更多企业参与电影行业。

科幻电影不仅是文化产品，也展现着国家科技实力、制造能力，同时与社会科学思维、国民科学素质息息相关。展望未来，中国电影市场一定会出现更多像《流浪地球》一样的爆款佳作，这也是国家科技进步、电影工业不断成熟的必然结果。

（刊发于2023年10月28日综合版）

智慧旅游要力戒华而不实

电子门票、智能导游、一部手机游一座城……如今，越来越多科技感十足的智能应用出现在旅途中。在国家大力扶持和政策影响下，各地不断探索智慧旅游新路径。从游客体验来说，目前有些智能应用华而不实，徒有其表。老人使用不方便、重要信息查不到、遇到问题呼不应……人们不禁要问：究竟什么才是真正的智慧旅游？

智慧旅游，是利用人工智能、大数据、物联网等新一代信息技术，实现旅游服务、旅游管理、旅游营销的智能化。简而言之，就是利用新技术让旅游体验变得更美好。国家大力发展智慧旅游，也是为了更好满足游客多样化需求，提升旅游体验。

智慧旅游怎样做，不同景区管理者理念不同。不过，在探索和实践中，有些地方或企业走上了技术"狂飙"之路。一说"智慧"，就盲目上马高科技项目，一味追求技术含量。有些企业、高校、研究机构忙于建设智库、数据中心、实验室，发布各类数据报告和研究成果，但在实际应用中，不同景区的智能设施各自为战，各方数据无法联通共享，真遇到问题，一个个"数据孤岛"不能有效发挥作用，投入产出效益低下，造成资源浪费。

在发展智慧旅游的过程中，还容易出现重硬轻软的问题。有些地方政府很舍得在硬件上投资，却不重视服务。有些项目前期投入大，后期运营弱。管理者把主要精力集中到景区的地理信息采集、扫码入园、游迹跟踪上，但对游客最关心的景区停车难、预约难等问题却拿不出切实可行的解决方案。

配套服务没跟上，精细管理不到位，智慧旅游建设难免沦为面子工程，让游客乘兴而来，败兴而归。

近日，文化和旅游部资源开发司公布了第一批全国智慧旅游"上云用数赋智"十佳解决方案。这些方案都是坚持游客需求导向，着力解决旅游产业发展过程中的堵点、痛点、难点，凸显理性务实的发展方向。比如，针对老年人面临的"数字鸿沟"问题，有的企业提出长辈模式解决方案；破解游客在大型景区找路难问题，有些企业打造智慧导游导览平台。还有的企业已经从功能化服务，延伸到内容和IP领域，通过数字内容赋能旅游实体。这些方案不仅贴合实际需要，还创造了新的需求。

面对越来越大的体量、越来越高的游客期望、越来越激烈的市场竞争，必须依靠现代科技的力量推动旅游产业快速健康发展。智慧旅游代表着文旅产业转型升级的新方向，也是企业参与市场竞争的新赛道。谁能真正从消费者角度出发，在技术、产品、服务等方面充分满足消费者需求，谁就能抓住机会。无论是供给侧结构性改革，还是高质量发展，最终都是要以人民群众对美好生活的向往为目标。紧紧围绕这个目标去创新，才是决胜市场的根本法宝。

（刊发于2023年11月4日综合版）

坚决治理"套娃"收费乱象

"开机不能直达想看的节目""设备之间不能自如切换""遥控器太多，不知道用哪个"……随着智能电视的发展，节目内容更丰富了，但收费多、操作难等问题也"套"住了消费者。今年8月起，国家广电总局联合有关部门开展治理电视"套娃"收费和操作复杂问题工作试点。经过两个多月整改，用户"看电视难、看电视烦"问题得到了明显改观。信息显示，目前7家试点单位收费包压减超过50%，全国范围内80%有线电视终端、85%IPTV终端实现了开机看直播。群众满意度不断上升，电视用户明显回流，行业重回健康发展轨道。

整治电视收费乱象是事关人民群众现实利益的民心工程。看电视对于满足人民群众的精神文化需求、提升人民群众的生活品质具有重要意义。"套娃"收费不仅增加了用户观看成本，降低了用户的观看体验，强制绑定、隐形消费等行为还侵犯了用户的合法权益。及时刹住看电视"套娃"收费歪风，得益于广电总局等多部门下大力气解决问题的坚定决心。按照工作目标，到今年年底，将在全国范围内实现开机看直播、收费包压减50%，还将推进电视机和机顶盒一体化。

整治电视收费乱象是具有牵引性的系统工程。智能电视"收费多、操作难"问题积弊深、牵扯利益多。通过这次整改,有力促进了全行业通力合作,电信运营商、电视机厂商、内容平台紧密配合,过去看似无法解决的版权问题、不好沟通的产业问题,最终都找到了解决的路径和努力的方向。当前,不只是电视大屏,网络视听平台也存在超前点播、重复收费、插播广告、误购难退等顽瘴痼疾。有关部门应完善顶层设计、加强监管、规范视听收费市场,让用户明明白白消费。

智能电视好不好看,不仅关乎群众切身利益,且影响广播电视行业健康发展。由于收费乱象、操作复杂等问题,电视大屏用户面临流失风险,产业上下游都受到一定程度的影响。一方面,可能导致电视台收视率下降,内容制作、广告收入效益低下,影响电视内容质量提升;另一方面,可能导致电视用户流失,用户对于购买新电视的需求降低,对电视制造业造成一定冲击。这次治理工作是一个很好的切入点,对于促进内容提供者良性竞争、促进数字经济发展、净化消费环境、提振消费信心、激发消费需求具有积极作用。

只有给用户更大的选择权,行业才有更广阔的发展空间。下一步,各方面还需要共同努力,坚持以用户为中心的发展导向,为用户提供更有吸引力的内容和服务,共同促进行业繁荣发展。

增加优质内容供给。经久不衰、脍炙人口的经典节目是观众喜闻乐见的文化产品,有利于促进全民文化素质提升。电视台可以多放一些经典作品,丰富荧屏内容,让看电视变得更有意思。目前,全国20家省级有线电视网络推广开设"重温经典"免费专区,受到用户欢迎。行业要紧密配合,推动优质资源共建共享,为观众提供更多优质免费的内容,更好凸显广电的公益属性,进一步增强电视大屏的吸引力。

文体市场面面观

强化科技赋能。随着智能手机、平板电脑等小屏设备的崛起,消费者的观看需求逐渐向移动端转移。电视作为大屏幕设备,受到了一定影响。行业要加强技术创新,利用这次治理工作中软硬件升级的机会,推动语音识别、裸眼3D、生成式人工智能等新技术的推广应用,带动行业转型升级。未来,发展超高清电视是大势所趋,要推动超高清从内容制作、播出、传输、接收等全产业链优化升级,着力构建超高清视频产业新生态,给用户带来更好的视听体验。

(刊发于2023年11月12日综合版)

巩固电影市场好势头

对中国电影市场来说，500亿元是一个久违的数字。国家电影专资办数据显示，截至11月13日，中国电影2023年度票房突破500亿元，用时317天。这是继2017年中国电影年度票房首次突破500亿元，2018年、2019年中国电影年度票房连续突破600亿元之后，中国电影年度票房首次重返高位。这一数字被业内看作电影市场复苏的新里程碑，充分表明中国电影发展的强大韧性和巨大潜力，也引发人们深入思考：中国电影究竟靠什么重振旗鼓、快速复苏？

从上映作品看，今年的电影市场实现了与观众的双向奔赴。光是暑期档就上映了约140部影片，呈现出多品种、多样化、多类型的态势。《满江红》《流浪地球2》《消失的她》《长安三万里》等代表性影片，不管是由影片题材内容所引发的反诈、唐文化等话题讨论，还是由影片营销引发的汉服观影、集体背诗，都产生了叠加效应，不断吸引观众走进电影院，加速市场复苏。

从观影条件看，遍布全国的8万块大银幕为观众提供了观影便利。拿暑期档来说，相比2019年，下沉市场票房占比从33%上升至36%。说明我国电影院和银幕分布更加合理，与城镇化水平和人口分布更匹配，更多三四五线城市群众走进影院。与此同时，一二线城市的CINITY放映系统、杜比视界等新一代高规格影院建设稳步推进，4K、全景声等技术得到广泛应用，更具沉浸感的观影体验也在吸引大城市的年轻人。

在500亿元的大盘子里，国产影片票房达417亿元，占比高达83.4%。这得益于我们有一群热爱电影、不离不弃的观众。中国观众对本土故事的强烈认同和情感共鸣，不断激发电影人的创作灵感，为中国故事提供了广阔的创作空间。

重返500亿元高位给电影市场注入更多信心。今年电影市场能够快速复苏，靠的是过去3年中国电影人的坚持和努力。整个行业克服了种种困难坚持高质量创作，为市场储备了充足弹药，这才保证在复苏阶段迅速密集地拿出这么多优秀影片。巩固好势头，要持续加大优质内容供给，推出更多内容丰富、题材多样的国产影片，更好满足多样化、个性化、品质化的观影消费需求。

庞大的内需市场是电影产业快速复苏的底气，也是推动中国电影不断发展的独特优势。今年以来，从电影到旅游，消费市场全面回暖。说明随着消费者购买力的增强，越来越多的人愿意进行文化娱乐消费。不过，与居民日益高涨的文化娱乐消费热情相比，我国文化市场供给数量和质量还不能充分满足需求。比如，好看的电影都集中在节假日，日常观影需求不能得到充分满足；演出、赛事、表演经常出现"一票难求"的现象等。这些都在提醒我们，要进一步释放超大市场活力潜能，就要进一步提升供给数量和质量，打造更加丰富的产品和服务供给矩阵，充分发挥文化市场对消费的拉动作用。

（刊发于2023年11月18日综合版）

读懂年轻人上夜校的诉求

"白天上班,晚上学艺",正在成为年轻人的新生活。上夜校究竟能学啥?非洲鼓、汉服舞、花艺、书法……内容丰富,又符合年轻人的兴趣审美,每个人都能从中找到心灵的寄托。听起来很诱人,但招生名额十分有限,热门课程的排队人数比"吃长沙夜宵"队伍还要长。

上夜校,是年轻人夜生活的另一种打开方式。过去提起年轻人的夜生活,想到的多是大排档、小龙虾、KTV,主打休闲娱乐。如今,忙碌了一天的年轻人涌入夜校学技艺、拓人脉,说明年轻群体的夜生活不仅需要烟火气,也需要文化味。夜校是文化消费场景向夜间的延伸,给城市的夜生活增添了一抹亮色。

上夜校是一种低成本的文化消费,但年轻人上夜校并不完全是为了省钱。时间成本对一些年轻人来说往往更宝贵。他们愿意在文化活动上花费更多时间和精力,表达其消费观已从物质型向精神型转变。年轻群体投入文化消费,不再只是单纯娱乐,而是更注重获得学习价值、社交价值、情绪价值。正如一位在夜校学古琴的年轻人所说,解锁新技能带来的精神愉悦远比买个包包、吃顿大餐来得更为持久。

文体市场面面观

尽管年轻人对于体验式消费十分慷慨，为了享受高品质文化生活，不惜溢价购买一张演出票。但在日常消费中，他们也会精打细算，游走于各大平台凑满减、找平替。上夜校花小钱就能玩得高雅、玩出品位，正好契合当下年轻人追求物美价廉的消费心理。当然，年轻人看重的不仅是价格上的优惠，市场化培训机构课程质量参差不齐，相比之下，公共文化机构的服务质量更有保障。

年轻人上夜校，也从一个侧面提醒市场，文化消费可以更加亲民。今年以来，线下文化消费强劲复苏，但是，演出刺客、逢节必涨等现象也让消费者很"受伤"。文化消费不应变成"奢侈品"。城市管理者应该思考如何进一步提升公共文化服务水平，多拿出一些人见人爱、内容为王的"文化礼包"，不断激发公众文化消费的内生动力。

资本嗅觉灵敏，在巨大需求面前，商业机构开始冒头。社交平台内，帖子只要打上"夜校"的标签，几乎不用推广营销，一夜之间便能吸引上百人关注。势头猛，起量快，面对热气腾腾的新产业，市场应该保持理性。年轻人上夜校，看重的主要还是性价比。今年以来，年轻人看展式社交、在菜市场里体验生活、特种兵旅游火爆"出圈"，这些现象背后，既有年轻人个性化消费的彰显，也有性价比因素的考量。商业机构要深入探析年轻人的文化消费心理，思考拿什么来满足年轻人的新需求。

当下，夜校成为一种稀缺资源，被中间商当成一门生意，甚至出现了"夜校黄牛"。这也提醒我们，与少儿教育和老年大学的热火朝天相比，中青年艺术教育尚存空白。政府组织的市民夜校毕竟供不应求，如果市场化机构能够把握商机，推出合适的产品和服务，未尝不是一件消费者和经营者"双赢"的好事。这方面，政府可以加强引导，商业机构可以创新思维，但要进一步增强文化消费市场的后劲，就必须读懂年轻人上夜校背后的真正诉求。

（刊发于2023年11月25日综合版）

"二创"火爆引发版权保护新课题

今年,"二创"短视频火了。不过,当下所说的"二创"可不是对影视作品的简单切条和搬运,而是具有一定原创性、个性化的短视频创作。一些优质"二创"内容能让影视作品成功"破圈",带动影片的口碑传播与票房转化。甚至有人说,判断一部影视作品是不是真火,就看网上有没有"二创"。

"二创"虽火,但版权始终是绕不开的话题。值得一提的是,在作品火爆之前,版权方一般不会去谈侵权问题。等到热度起来以后,某些版权方又开始"秋后算账",追究"二创"博主的法律责任。

不可否认,有部分观众是通过"二创"了解作品,进而关注作品。"二创"的魅力在于,作者围绕影片进行各种解构,把电影的每个巧思用短视频进行放大,以内容"种草"勾起大众观影欲望。除了"解构式""剧透式"创作,"二创"短视频还衍生出很多新玩法:美妆博主做人物仿妆、普通用户模仿名场面等,这些玩法主打参与和互动,让影视作品更有观众缘。

"二创"短视频会不会分走版权方的"蛋糕"?复盘今年暑期档会发现,短视频对爆款电影的导流效果十分显著。比如《孤注一掷》的"二创"吻合了当下大众的情绪价值,非但没有伤及版权方商业利益,还因剪辑、配乐等为原作品贡献了关注度。

短视频平台已被业内公认为有效的营销阵地。数据显示，抖音暑期档电影相关内容播放量高达1238亿次，5部电影官方账号点赞破亿，4部电影话题播放量超百亿，这几部影片同时也是票房前几名。抖音暑期档电影话题播放量同比增长163%，而暑期档整个票房增长是162%，这两个数字高度一致，说明短视频热度和影片票房的正向关联越来越密切。

"二创"有这么多的用户和剪辑量，说明它是有生命力、有市场的，是用户喜闻乐见的。这也给行业带来启示：如何在尊重版权的前提下，为中小创作者提供更自由的创作空间。这不仅有利于短视频的优质内容供给，也会增强影视行业的发展活力。

在保护版权的前提下，高质量"二创"创造的价值应该被看见。对于有含金量、能帮助作品维持热度的"二创"，版权方更可采用共赢的合作方式。行业可为"二创"短视频创造更加合理、透明的授权机制，进行网络视频版权合作模式的多样化探索。

合作才能共赢。在内容为王的趋势下，网络视频产业应将竞争焦点转向版权共建共享，相关部门在版权保护过程中也应因势利导，深入推进行业合作，共同做大版权产业这块"蛋糕"。

（刊发于2023年12月2日综合版）

贺岁档电影走出同质化

随着年底贺岁档拉开大幕，全国电影市场进入最后冲刺阶段。据灯塔专业版实时数据，截至12月5日10时，全年票房已经突破513亿元，贺岁档票房突破10亿元。

贺岁档是电影市场一年中最后一个大档期，其中包括圣诞档、跨年档等小档期，潜力不容小觑。从过往成绩看，贺岁档电影多次实现超过40亿元的票房成绩，最高峰曾达到56亿元。周期长、体量大、关注度高，让贺岁档成为兵家必争之地。从市场供给看，今年贺岁档已经定档63部新片，涵盖剧情片、动作片、爱情片、动画片、喜剧片，题材丰富，类型多样。能够看出，丰富的影片正源源不断进入市场，供给侧可以更好满足观众多样化、个性化的观影需求，不同人群都能从中找到"对味"的文化大餐。

贺岁档从香港电影市场沿用而来，原本就有"群星贺岁"的意味，发展至今似乎也和观众的期待达成了默契，逐渐形成了比较固定的风格：浓郁的喜剧元素，观众喜爱的明星、简单的故事、皆大欢喜的结局。然而，内容同质化现象也在一定程度上制约了市场发展。有的影片为了迎合贺岁氛围，仅仅取了个喜庆的片名，内容空洞，粗制滥造；有的影片难以摆脱小品式、段子式叙事，只想靠简单化的逗乐取悦观众。随着国内观众越来越成熟理性，"娱乐蛋糕"

已经无法满足大众多元化口味，贺岁档电影的内涵和外延都需要不断拓展。

与以往热热闹闹、喜气洋洋的风格不同，今年贺岁档主打剧情片，目前市场关注度较高的是几部刑侦题材电影。其中，《三大队》《潜行》和《金手指》都将在12月上映。刑侦题材进军贺岁档，一方面是由于今年暑期档两部同题材电影——《孤注一掷》和《消失的她》都表现出超强的吸金力和吸睛力，片方希望能够延续暑期档的热度，乘势而上，再出爆款；另一方面，也表现出片方不再刻意迎合贺岁档的喜剧特点，而是更关注观众的情绪价值。影片能不能与观众产生情感共鸣？热闹之后是否会让观众留下思考和回味？这些才是电影市场的流量密码。

值得一提的是，今年贺岁档还有一些中小成本影片选择了分线发行。片方可以自由选择在一个或几个院线开展影片发行，这将使文艺片等小众电影避免被大体量商业片挤占时段和排片。随着中国电影市场的"蛋糕"越做越大，观影人群分众、分层、分需的现象已经引起市场关注，今年贺岁档的类型分布更加丰富，说明市场正通过"合理配置"让更多类型化电影找到差异化竞争的市场空间。

贺岁档不再是老样子，这是中国电影市场发展越发成熟的表现。随着电影市场持续扩容，贺岁档也好，国庆档也好，暑期档也好，都需要百花齐放，不断加入新亮点、新元素，在题材、剧情和拍摄手法上不断创新。缺少了大明星和喜剧元素，贺岁档一样可以热热闹闹。只要内容品质过硬，任何一部作品都有机会走出长尾效应。期待竞争激烈的贺岁档能拼出创新力，成为电影产业发展的重要标杆，有力带动中国电影市场蓬勃发展。

（刊发于2023年12月9日综合版）

新港剧寻求更大舞台

最近，热播剧《新闻女王》让香港 TVB 赢得更多关注。久违的爆款背后，是近年来 TVB 与内地多个长视频平台达成战略合作，从合拍剧到签订框架合作，多形式、多平台输出"新港剧"所取得的丰硕成果。

TVB 是香港文化产业的一张亮丽名片，所出品的电视剧曾伴随许多"70 后""80 后"的青春岁月。然而，随着时代的发展，因为题材重复、情节老套、创作模式固化等综合原因，TVB 作品的影响力呈下行趋势。资料显示，从 2018 年开始，TVB 归母净利润连续 5 年为负。

与内地长视频平台合作是 TVB 寻求突破的关键之举。在内容方面，内地视频平台更重视观众需求。随着观众审美品位、收视习惯发生深刻改变，用户已经成为内地影视创作不可忽视的参与力量。以《新闻女王》为例，合作方优酷深耕"港剧场"10 年，在用户洞察、数据分析、前期策划等方面为 TVB 提供了重要参考。双方合作让该剧更贴近市场需求，赢得更庞大的观众群。在营销方面，从主演与平台互动，到相关话题屡上热搜，都体现出"新港剧"营销手段日益多元，更贴近内地市场。

"新港剧"爆款背后，可以看到香港影视业正在共享粤港澳大湾区文化发展的红利。为推动香港流行文化走出香港,"十四五"规划明确支持香港发展成为中外文化艺术交流中心。政策利好促使香港电影创作者主动融入内地,《长津湖》《红海行动》都是香港、内地合拍机制结出的硕果。随着影视行业融合更加紧密,合拍机制从电影扩展到电视剧、综艺。以 TVB 为例,自去年进军内地市场以来,已经在剧集、综艺、电商等多方面作出有益探索。近期,香港特区行政长官施政报告中公布"开拓内地电影市场资助计划",该政策是香港和内地影视融合的又一重要里程碑,将进一步加强内地对香港影视领域的支持力度。

香港影视寻求新突破,与内地庞大市场联动是重要方向之一。TVB 财报显示,预计今年下半年及明年全年有望实现扭亏为盈。其中,版权发行、合拍剧等内地业务已成为 TVB 首要利润来源。内地市场大、观众多、机会多,香港要进一步擦亮影视业这个招牌,加速融入内地市场大有可为。

融合发展是互利共赢的必由之路。内地影视产业正走向精品化、多元化之路,制作水平不断提升,类型、题材不断拓展,焕发出强劲的生机和活力。先进的营销理念、广阔的拍摄场景、丰富的创作素材,为香港影视业提供源源不断的发展机遇。同时,香港成熟的工业化影视制作体系,独具特色的艺人培养模式,也为内地影视业注入新活力。加深交流合作,实现优势互补,必将推动两地影视业加速复苏。越来越多精品力作闪耀荧屏,最大的获益者将是广大观众。

(刊发于 2023 年 12 月 17 日综合版)

智能电视创新要跟着需求走

智能电视沦为"大号显示器"、年轻人早就不看电视了……在操作复杂、花式收费、强制广告等槽点中，智能电视正面临用户流失风险。最近，有两项政策力求改变这种尴尬局面：一条是，国家广电总局要求，有线电视终端应默认"开机进入全屏直播"；另一条是，工业和信息化部等7部门联合发文，大力发展视听电子产业，其中智能电视是一个很重要的领域。相关部门政策共同发力，为智能电视未来发展指明了方向：产品创新要跟着需求走，用户不满意的创新早晚要被市场淘汰。

智能电视曾被视为一项革命性技术，因融入互联网、人工智能等多种元素，为用户提供了丰富多样的娱乐选择，引领了一波智能家居新潮流。不过，随着智能电视越来越普及，一些问题也随之产生。开机即广告、植入应用过多、操作不方便等严重影响用户体验。

智能电视这些糟心事反映出电视厂商寻求利益最大化的经营目标，背后原因是电视机市场竞争之激烈。看销量，去年中国彩电市场零售量规模已跌至近13年最低。看利润，由于产品同质化严重、产品毛利低、运营成本居高不下，智能电视利润空间不断被压缩，甚至有生产商感叹"卖电视的利润比刀片还薄"。

在此背景下，电视厂商纷纷进行产品结构升级与业务调整，比如从传统的靠硬件收费变为软硬结合，甚至要靠软件服务来补贴硬件亏损。企业追求商业利益最大化无可厚非，但保护消费者基本权益应该是基本底线。如果只寻求业务新增长点，不惜损害用户的利益，牺牲用户的体验，恐怕是把"智慧"用错了地方。

实际上，人们吐槽智能电视并不是真的不需要它，而是很多产品、内容和服务无法满足用户的需求。如果单凭一些数据就判断青年人更爱看手机、抛弃电视大屏也并不准确。现实生活中，电视机仍然是很多家庭增加幸福感的必需品。特别是随着消费升级，智慧屏、超清屏等高端产品销量可观。像世界杯、冬奥会等重大活动，在电视上看更有感觉。还有一些用户把电视作为新工具，在电视上打游戏、投屏跳操，甚至带孩子上网课。这些新需求有力证明，电视没有被时代抛弃，而是和时代有了更新的结合。

家电行业是一个竞争激烈、充满活力的市场。无论是传统电视品牌还是互联网电视品牌，创新的背后都是以新技术解决实际问题。发现问题需要精准洞察用户需求。比如能否通过技术升级推出护眼护耳、适老化、低能耗的新产品，能否利用技术创新节约成本，做到物美价廉，这些才是用户真正需要的创新。创新跟着需求走，才是企业发展的底层逻辑。

中央经济工作会议提出，大力发展数字消费，积极培育智能家居。挖掘智能电视消费潜能，光靠硬件不行，还要软硬兼施、协同创新。电视品牌和内容供应平台要形成合力，丰富视听内容供给，不断创造和满足当代用户的新需求，为人们带来更高品质的视听体验。

（刊发于2023年12月23日综合版）

最是温情暖人心

近期,"冰城"哈尔滨旅游持续火爆。数据显示,2024年元旦假期3天,哈尔滨游客接待量与旅游总收入均达到历史峰值。网友调侃:"海南三亚做梦也没想到,这个冬天会输给哈尔滨。"估计东北其他几个兄弟城市不仅羡慕,更想学习。哈尔滨旅游火出圈的原因是什么?给旅游市场带来哪些启示?

哈尔滨旅游热与冰雪资源禀赋有很大关系。冬奥会效应带火了冰雪旅游。近年来,哈尔滨真金白银发展冰雪旅游,不只看冰赏雪,更开发出雪地温泉、观赏冬捕、品尝美食、体验民俗等多元化、深层次的旅游体验,早就做好了接住"泼天富贵"的准备。

有意思的是,哈尔滨此番被人津津乐道的不止传统的旅游资源,还有很多接地气的本地生活场景。很多南方游客来到哈尔滨,就为体验一把呵气成霜的凛冽,跟热情且幽默的东北人唠嗑,或是品尝一口冻梨。这不禁让人想起2023年夏天的淄博烧烤,人间烟火气,最抚凡人心。如今,年轻游客已经从逛景点转为找体验,追求的是情绪价值。生活场景和人际交往在旅游经济中发挥着越来越重要的作用。抓住本地特色,任何一座城市都有出圈和出彩的机会。

用心用情服务最得人心。这个冬天,哈尔滨市政、宣传、交通、餐饮,以及市民的大范围联动,劲头丝毫不输淄博。哈尔滨花式宠游客的段子在网上铺天盖地：为迎接南方游客，哈尔滨把传统的咸豆腐脑变成了甜豆腐脑；怕南方游客不适应北国冰城的寒冷，搭建了一批"温暖驿站"；人造月亮、飞马踏冰、鄂伦春族人表演驯鹿……这股"掏家底儿"的劲头，一看就是"蓄谋已久"。从淄博到哈尔滨，城市IP接连出圈，背后都离不开以诚待客、用心经营。

流量是一把"双刃剑"，爱护好、呵护好才能发挥正能量。在这波"泼天富贵"降临之前，哈尔滨冰雪大世界曾因"退票风波"引起不小的争议，天降流量对城市承载能力提出严峻挑战。好在城市管理部门反应迅速、措施得当：延时服务、无条件退票……一番操作干脆利落，用心用情，不仅想退票的游客不好意思，还赢得了围观网友的好感。哈尔滨的化被动为主动，也给旅游城市提了个醒：口碑对旅游城市来说至关重要。在东北的冰天雪地里，热心好客的情谊温暖了游客，也给东北旅游增添了红利。

哈尔滨火了，作为新晋"网红"，当地想必更希望"长红"。如何让旅游产业可持续发展？如何构建日常化、高频化的旅游消费市场？应该是包括哈尔滨在内的许多旅游城市都在思考的问题。"体验东北澡堂文化""假装生活在俄罗斯"……在美团和大众点评上，这些本地生活标签不仅让本地人乐在其中，外来游客也很感兴趣。游客自发选择的结果就是旅游市场的真实需求。大众旅游时代，消费者不仅要欣赏美丽风景，也要体验美好生活。跟上旅游市场、消费模式的变化，找准大众消费的着力点，是城市文旅经济可持续发展的不竭动力。

（刊发于2024年1月7日综合版）

一部剧带火一条街

打卡"苔圣园"、吃"宝总"同款泡饭、排队买蝴蝶酥……堪称当下最流行的"社交货币"。随着电视剧《繁花》收视率一路走高，剧中关键场景黄河路成为上海最火爆的旅游景点之一。

剧中的黄河路打开了许多人尘封的记忆，故地重游，不少游客的感受是"味道"没变。这里没有千篇一律的"网红配方"，有的是充满年代感的老字号店、独具风格的霓虹招牌、原汁原味的上海小吃。与那些无序开发和过度商业化的"网红"路不同，黄河路在市井气中保持着老上海的腔调。

700多米的黄河路，如今人气远超著名景点，成为上海的顶流。黄河路翻红，让很多人看到了上海的另一面。作为世界著名旅游目的地，上海不仅有摩天大楼的高度，也有人间烟火的温度。黄河路没让游客失望，是因为上海在发展中做到了城市建设与文化传承的平衡。老街老巷是城市文化的独特魅力，也是城市发展的"金山银山"。这份深厚底蕴和文化自信，才是让游客"来了不想走，走了还想来"的理由。

本地特色文化赋予旅游市场独特的价值。近年来，菜市场打卡、城市漫步、胡同游等个性化旅游火出圈，从不同角度诠释了本地游的发展潜能。这也给市场提了个醒：搞旅游不必一味盯着传统景点和大项目。游客既需要迪士尼、外滩、东方明珠,也需要深入体验当地特色文化。激发有潜能的消费,既要"大而美",又要"小而精"。在追求新元素、新场景、新玩法的同时,传统文化与历史底蕴这座富矿也需要城市深入挖掘。

黄河路翻红,不禁让人联想到近期翻红的老国货、老品牌。其背后都体现了国人的怀旧情结和情感寄托。20世纪90年代,黄河路上的饭店以特色菜肴、良好服务吸引市民,成为消费时尚。更好的品质、更优的价格在任何时代都是促消费的密码。如今,黄河路因为一部剧再度成为消费热点,商家应读懂消费者"怀旧"背后的期待。只有坚守品质,做优服务,不断创新,才能把流量变留量,从网红变长红。

一部剧带火一条街、一座城甚至一个产业的案例层出不穷。比如《狂飙》让广东美食热销,《人世间》让全国观众聚焦长春,《梦华录》带火糕点、服装等多个产业,等等。这说明,影视作品具有强大的溢出效应和传播效应,容易激发大众的情感共鸣。当前,促消费需要有力抓手,无论是旅游宣传还是品牌营销,都需要通过小切口的故事引发大众关注讨论,进而引爆消费热点。让文化和商业实现双向奔赴,还有很多值得探索的路子。

《繁花》掀起消费热潮,再次彰显中国消费市场的巨大潜能。把大流量转化为大效益,关键要深入挖掘文化价值,抓住热点,因势利导。热门影视作品带来流量只能是一阵子,把大流量转化为拉动消费的新动力则需要城市治理、商家营销、产品创新等多个层面持续发力、久久为功。

(刊发于2024年1月13日综合版)

要在打造城市名片上下功夫

最近的网络热搜几乎被文旅话题"承包"了。为争夺流量，有的城市亮出明星牌，喊话明星为家乡代言；有的城市上演"刷屏战术"，官方文旅账号日更70多条短视频；有的城市主打"听劝"，火速落实网友建议，各显其能，好不热闹。

一座城市能令远在千里之外的人心生向往，离不开有效营销。互联网时代，营销有两大"独门武功"：一是制造网络热点话题，增加曝光度，实现裂变式传播，这也是许多行业拓展市场、提高知名度、创新营销模式的重要抓手。二是靠短视频、直播赋能，"跟着视频去旅行"已经成为旅游宣传营销的利器。各地政府部门越来越善于利用两大"独门武功"，为文旅市场快速复苏提供了强大助力。

不过，线上热度不等于现实温度。越来越多文旅部门"卷"营销背后，也暴露出一些城市旅游发展缺乏顶层设计，创新乏力，患上了严重的"网红焦虑症"。诚然，不是每个城市都天生丽质、禀赋独特，更多默默无闻的小城寄希望于网络营销，渴望出奇制胜、弯道超车。如果把一座城市比作一件商品，营销则要找准卖点、精准发力。否则，不仅耗时耗力、劳民伤财，还无法取得预期效果。

与其盲目蹭热度，不如为城市打造一张独特的名片。比如，提起成都就会想到舒适、安逸，让人来了不想走；提起长沙就会想到夜生活、味蕾游。总之，要用这张名片告诉游客一个非来不可的理由。当前，我国旅游已经发展成为大众化、经常性的消费方式，游客的休闲度假需求日益增长，产生了多样化的细分需求。中小城市若能把握机遇，向全国人民递上一张有辨识度的名片，和传统旅游城市形成差异化竞争，破圈逆袭大有可为。

打造城市名片，需要精准定位，量体裁衣，切莫贪大求全。人无我有，人有我优，才是激发游客"奔赴欲"的最大动力。哈尔滨走红不只是网络营销给力，自身家底也相当厚实。它有40年的冰雪活动经历，还有打破吉尼斯世界纪录的冰雪大世界，这些独特优势其他城市很难"抄作业"。再如，"只有河南 戏剧幻城"是我国首座全景式沉浸式戏剧主题公园，一经亮相便抓住了大众眼球，2021年6月首演，2023年就实现了盈利。这启示我们，发展旅游经济，需要系统的城市定位和品牌策略，找准自身优势，锻造本地特色，传承优秀文化，才能实现可持续发展。

城市名片还要满足消费者的美好期待。过去一年，反向旅游、平替旅游目的地成为消费热点，一些三四线小城因为一次音乐节、一份美食、一场比赛火出圈。文旅热点反映出游客的多样化需求，各地可深入挖掘。比如，通过大数据科学研判游客喜好，增加产品种类、丰富产品层次。再比如，通过社交平台和网民互动，有针对性地改善旅游环境，提升服务质量，增强城市名片的含金量。

过去一年，文旅经济跑出复苏加速度，旅游消费环境持续向好。但文旅市场还存在"旺丁不旺财"的现象，网红效应要转化为实际效益，还需各地更扎实地练好内功。促进文旅消费是系统工程，不

文体市场面面观

单是文旅部门一家之事，社会各方形成合力、久久为功，才能共同扛起文旅经济的大旗。

（刊发于2024年1月20日综合版）

别把电影融资新路变成圈钱套路

近日，多位明星参演电影涉影视投资诈骗案的新闻上了热搜。据公安部门通报，犯罪团伙采用荐股形式引导投资人购买电影"收益份额"，而后仅将少部分金额支付给电影出品方购买份额，剩余款项则用于实施诈骗运营及个人挥霍。涉事公司夸大电影制作成本及票房预期收益，打着投资的幌子圈钱，属于诈骗行为，应依法予以严厉打击。除了对案件本身的关注之外，由案件引发的公众对电影投资的恐慌和误解也有必要正确引导。

近年来，涉影视投资诈骗案件的发生，提醒相关部门需加强该领域的风险防范。需要指出的是，影视投资本身是一种市场投资行为，一些包括民间资本在内的社会资本在支持电影产业发展中发挥了正能量。比如，《大鱼海棠》《大圣归来》等项目都是借助电影众筹获得了成功。影视投资和电影众筹又不一样，众筹更像是粉丝"为爱发电"，一般投资额度较小，风险也较低。电影投资实际上是购买电影版权行为，等待电影上映后进行院线票房以及其他版权收入分红，一般投资金额高、风险更大。

随着我国电影市场繁荣发展，电影投资逐渐透明化、大众化，电影投资走入寻常百姓家。面对更加多元的投资主体、更为多样的投资生态，相关部门要积极适应行业新变化，明确监管，加强引导，避免电影融资的新路变成不法分子的圈钱套路，阻碍行业健康发展。

电影产业做大做强离不开金融活水。数据显示，电影市场80%的影片属于中小成本，中小成本影片是电影创作出品的重要基石，也是电影持续繁荣创新的重要载体。但是，近年来，电影行业的资源越来越向头部项目集中，中小成本电影融资难成为常态，特别是资历尚浅的年轻电影人更需要"帮一把"。面向社会融资可能成为中小成本电影吸引资金和关注的重要渠道。

也要看到，电影众筹、散户投资只是杯水车薪，更大意义在于让项目接地气，为电影聚人气。真正破解行业融资难，还要搭建更加专业、开放、共赢的电影产业投融资平台，想方设法吸引大额资金、业外资金进入，激活行业发展的一池春水。

金融赋能电影产业大有可为。国外制作公司、大制片厂都在做金融组合，也有固定的资本合作伙伴，国内在这方面还不够成熟。未来，电影业无论是公司运营还是单片融资，都需要向更加市场化、金融化的方向发展。应建立更长效的投融资机制，比如银行信贷、基金、机构直投等，寻找更多合作方式。还要培育品牌基金，让普通投资者放心、省心，有机会分享电影市场繁荣发展的红利。还要看到，电影项目存在较多不确定性，盈利模式与传统行业大为不同，金融机构还需开拓全新风控模式，提升优质项目的甄别能力，平衡好收益与风险的关系。

电影的本质是内容产品，只有好内容才会产生好效益。去年以来，电影市场持续复苏，行业信心更加坚定，资本跃跃欲试重回电影赛道。无论游戏规则如何设定，资本格局如何变化，投资者都要保持理性，把电影产业作为长期、稳定、持续、专业的行业来看待。

电影人也要苦练内功，从容打磨，用好故事吸引更多良性资本，如此才有利于行业更长远的未来。

（刊发于 2024 年 1 月 27 日综合版）

"村晚"搭台经济唱戏

继各地花式卷文旅之后，新一波文化盛宴在广袤的中国乡村开启。最近，一场由主播自主筹办的南北"村晚"在线PK引来众多网友围观，参与这场南北"村晚"大联欢的不只有当地村民，还有直播间里的你我他。

"村晚"究竟看点啥？地域文化是亮点。在"村晚"舞台上，民间技艺、民俗活动、非遗项目等地方特色才艺得到充分展示，就拿登上热搜的湖南凤凰腊尔山镇来说，抖音直播和中国文化馆协会联合发起"我要办村晚"乡村文化能人扶持计划，让有才艺的主播有机会在家乡办"村晚"，并通过线上直播让更多人看见。土地里长出来的艺术最有感染力，农民骨子里洋溢的文化自信最具生命力，乡村司空见惯的事物正是"村晚"舞台的宝物，从这个角度说，乡村文化走出去舞台广阔，可以持续寻求传承与发展的新空间。

在互联网时代，让巷子深处的"酒香"能"出圈"是关键。从淄博到哈尔滨，都是借助直播、短视频实现"出圈"，当地及时捕捉热点，敏锐洞察需求，顺势推广营销，带动了整座城市从线上火到线下。如今，这波关注来到"村晚"的舞台上，乡村能否把握机遇，把线上流量变成村民致富的能量和经济发展的增量，值得深入思考。

"村晚"搭台经济唱戏

透过"村晚",能找到乡村旅游的出路。"村BA""村超"走红之后,当地文旅业迎来爆发式增长,"村"字号IP为乡村旅游引流赋能效果显著。要以"村晚"为抓手,从顶层设计到系统举措,加大乡村旅游产品有效供给,将乡村的优美生态、优秀文化转化为旅游经济价值,将田园生活方式与现代度假休闲有机结合,打造"村晚"体验线路,用"村晚"激活露营、非遗、民宿、康养等旅游新业态,释放旅游"一业兴、百业旺"的乘数效应,促进农文旅体商融合发展。

借力"村晚",可以进一步打开农特产品的销路。一些乡村台上办演出,台下办集市,甚至专门举办产业特色"村晚",对农旅产品进行直播带货,把"村晚"办成当地特色产业的展示窗口和推介平台。现在,农村直播电商发展势头正盛,但电商直播内容还有待进一步优化,可以借助"村晚""村超"等"村"字号IP,深挖文化内涵,提升乡村品位,实现文化搭台、经济唱戏,让当地老百姓实现物质和精神双丰收。

"村晚"火爆背后是供给侧和需求侧共同变化的结果。在短视频平台上,乡村能见度越来越高,以"村晚""村超"为代表的"村"字号IP持续出圈,农村赶大集、吃大席受到追捧。这说明乡村面临的市场机遇和潜力巨大,要敏锐洞察需求侧变化,让乡村IP与消费市场进行更紧密的链接,发展符合现代年轻人消费心理与偏好,具有较高品质的乡村娱乐和消费市场,从"村晚"的乐子中探索出乡村振兴的路子。

在文旅部门大力支持和引导下,越来越多乡村唱响"村晚"大戏,"村晚"从乡村小舞台走向社会大舞台,从"年年演"变成"四季演"。办"村晚"不能止于热闹,要持续放大文旅产业溢出效应,

文体市场面面观

进一步深耕"村晚"品牌,放大 IP 价值,让"村晚"在提高农民收入、弘扬乡土文化、推进乡村全面振兴等方面发挥更大作用。

(刊发于 2024 年 2 月 3 日综合版)

节日文化菜单更加丰富对味

新春之际，各类文艺演出"你方唱罢我登场"，为广大观众奉上一道道精彩纷呈的文化大餐。中央广播电视总台春晚是中国老百姓餐桌上必不可少的视听盛宴，今年的晚会通过"思想＋艺术＋技术"融合传播，用平实、喜庆、优美的表达，为观众呈上一道振奋人心、情真意切的文化佳肴。与此同时，各大卫视春晚争奇斗艳，网络文艺异军突起，多种形态的文化硬菜，共同丰富文化餐桌。特别是小年夜的《同心向未来——2024中国网络视听年度盛典》令人印象颇深，线上播出后，圈粉了许多年轻人。

从春晚到网络视听盛典，在表现形式上都更追求"网感"。今年总台春晚和社交媒体小红书共同推出陪伴式直播《大家的春晚》，网络视听年度盛典也做到了连续5个多小时线上直播。拿着手机边刷弹幕边看晚会，成为不少年轻观众的"快乐源泉"。

"网感"体现在以创新表达让传统文化焕发新光彩。总台春晚中，中国传统纹样创演秀《年锦》选取汉、唐、宋、明四个朝代富有代表性的纹样，通过歌曲＋虚拟合成技术，织出一幅跨越千载的纹样变迁图卷。网络视听盛典中，国风唱跳《山河图》、创意武术街舞秀《破阵子》、非遗文化秀《青花瓷》等节目都是以青春化、个性化的表达方式为传统文化注入新的生命力，在传承与创新中点燃了观众的文化自信。

让新时代观众与优秀文化实现双向奔赴，要找准需求着力点。当前，国风音乐、舞蹈热度不减，"汉服""新中式"掀起时尚潮流，越来越多的年轻人青睐具有传统元素的文化产品。文艺创作要通过创造性转化、创新性发展，让传统文化更契合年轻人的消费习惯。同时，新兴文艺也要不断从优秀传统文化中汲取源头活水，激发创新创造的活力。

还要用新技术赋能新创意。近年来，总台春晚等大型晚会充分运用XR、AR等前沿科技，以及5G+4K/8K高清转播技术，从视觉上为观众带来身临其境的感官体验。今年总台春晚的《山河诗长安》节目，利用4K/8K超高清转播技术，将整个古城变成了一幅流动的立体画卷；利用XR等技术，让李白与现代人进行了一次跨时空的对话，也将长安城中的浪漫具象化。各大卫视春晚也在技术应用上不断突破创新，寻求科技与文化的相得益彰。在全球范围内，数字技术成为文化产业发展的新引擎。虚拟现实、人工智能、区块链等在文化产业获得广泛应用，增强文艺作品的传播力和影响力。要继续加强数字科技与优质内容的深度融合，让科技为文化产业更好赋能。

无论是大屏还是小屏，无论受众群体如何变化，内容为王始终是文艺繁荣发展的硬道理。当前，兼具鲜明主题性、时代性、思想性、艺术性，深受广大群众喜爱的文艺作品层出不穷。但是，还有少数文艺作品只为博人眼球，片面追求明星效应，跟不上时代发展的步伐。随着观众审美水平不断提高，内容供给侧也要不断提高"烹饪"水平，以更加优质的内容满足观众需求。还要看到，再好的文化大餐也很难兼顾所有人的口味。如果能在某一方面做出特色，

节日文化菜单更加丰富对味

满足一部分人的需求就值得点赞。相关部门和文艺工作者还可以继续琢磨，如何让节日菜单更加丰富，如何让"菜品"更加对味。把更多"硬菜"端上老百姓的文化餐桌，让大家用遥控器来投票，寻求最适合自己的"美味佳肴"。

（刊发于2024年2月11日综合版）

节后电影市场能否持续火热

春节假期，电影市场可谓热辣滚烫。国家电影局发布的数据显示，2024年春节档电影票房达80.16亿元。这是我国春节档电影票房首次突破80亿元，创造了新的春节档票房纪录。这样的成绩，再次展现中国电影市场的巨大潜力，也让人们对新一年的市场充满期待。

近年来，看电影成了新年俗，过年不看场电影，总感觉缺少了些滋味。一方面，春节档佳片云集，大IP续作、新题材、知名导演、实力演员，竞相亮相春节档，档期口碑已经基本稳固。比如今年春节档，《热辣滚烫》《飞驰人生2》靠话题的带动效应拉满观众期待值，《熊出没·逆转时空》保持了该系列动画片的一贯水准，《第二十条》靠好故事释放长尾效应。这些优质内容吸引观众多次消费，拉动大盘持续走高。

另一方面，假期时间充裕，带着老人孩子一起看电影算是一项性价比较高的文化消费。今年春节档，全家观影成为新趋势，带动档期内观影人次比去年同期上涨26.36%。受此影响，近几年春节档多主打"合家欢"题材，今年更是喜剧挑大梁，这是电影市场深入研究需求侧变化的结果，内容与档期特性精准匹配，为电影市场再添一把火。

春节档为 2024 年电影市场赢得良好开局，节后电影市场能否持续火热，关键还要做对这几件事。

深耕内容。今年春节档的头部影片有个共同特征，就是更加关注普通人的生活经历和成长历程，靠真情实感引发观众共鸣。《热辣滚烫》击中了每个观众内心追求真我的朴素情感，《第二十条》将抽象的法规条款化作身边有温度的故事，引发人们对公平正义的思考。这也说明，扛起票房大旗不一定都要靠大投资、大制作，用小切口讲好故事，反映当下百姓关切的问题，同样能获得成功。观众的眼睛是雪亮的，只要脚踏实地、用心用情满足广大观众的消费需求，一定可以被看见。

找准定位。今年春节档有 4 部影片宣布撤档，原因几乎都涉及"档期选择出现重大失误"。比如《我们一起摇太阳》，主题和内容并不适合春节档阖家欢乐的气氛，寻求更合适的上映时机，或许会有更好的市场表现。近年来，电影市场出现冷热不均的现象，越来越多大片扎堆大档期，导致春节等热门档期的竞争越来越激烈，其他时段则越来越冷清，档期"马太效应"显著。

实际上，大档期的市场容量相对稳固，大盘增长比较有限，好片子不必都去挤"独木桥"，充分挖掘其他时段的市场资源，与大档期形成差异化竞争，效果也许更好。像 2022 年的《人生大事》选择清明节上映，成为年度票房黑马；今年跨年档电影《年会不能停！》也取得不错的票房成绩。更重要的是，日常投放的好片子多了，有利于观众群体的长期培育。

合理定价。今年春节档平均票价低于 50 元，相较去年春节档 52.3 元有所下调，成为推动票房增长的一大助力。票价的合理性需要综合考虑观影体验、电影制作成本、市场供需平衡等多方面因素，

文体市场面面观

供给侧在不断提高电影制作水平、提升观影体验的同时,也要用真金白银刺激观影需求。优质优价的电影多了,电影市场就能持续热下去。

(刊发于2024年2月24日综合版)

十年 IP 如何行之更远

2024年春节档已经落幕，档期后的竞争依然激烈。动画片《熊出没·逆转时空》的表现一如既往的"稳"，作为《熊出没》系列10周年作品，截至2月28日19时，累计票房突破18.45亿元。同时，整个《熊出没》系列大电影总票房突破75亿元，打破春节档动画电影累计票房纪录，成为国产动画最卖座的IP。

从2014年到2024年，《熊出没》系列共产出10部电影，完成了从国产低幼动画到春节档票房黑马的蜕变。10年间，《熊出没》的观众也从小朋友变成大朋友，再迎来新的小朋友、大朋友，一直保持着稳定的票房成绩和良好的口碑。一个IP做了10年依然热度不减，背后的原因究竟是什么？

一方面，坚持长线思维。"熊出没"的故事并不复杂，凭借"保卫家园、追求梦想"这一主题，动画版已经播出18部，共计1066集。难能可贵的是，这一IP没有止步于动画片创作，而是不断开发衍生品，目前在图书、玩具、舞台剧、主题乐园等领域都有所涉及，还与300多个品牌达成授权合作。这不仅让《熊出没》的IP价值不断提升，也让其受众圈层不断拓展，市场影响力不断扩大，从而形成持续的消费动力。

另一方面，持续不断创新。这10年，观众共同见证了《熊出没》系列的成长和进步。从制作层面说，今年大银幕上的"光头强"造型更好看，两只熊的毛发也更生动，可以说，《熊出没》的成长历程也是国产动画制作水平不断提高的缩影。从内容层面看，《熊出没》系列电影瞄准"合家欢"类型，故事情节一直在儿童和成人之间寻求最大公约数，让不同年龄段的人群都能从中收获喜悦和感动，正是这一 IP 拥有持久生命力的关键。

不过，与旺盛的儿童文化娱乐需求相比，一部《熊出没》还远远不够。近年来，电影市场涌现出《长安三万里》《哪吒之魔童降世》等动画电影，从弘扬传统文化的角度出发，赢得市场认可，但能够登上大银幕的动画作品仍然是凤毛麟角。在长视频平台上，一些动画片还停留在复制模仿的初级阶段，缺少创新性和想象力。有的动画片只是披着卡通的外衣，剧情却暗藏暴力血腥，不利于儿童身心健康；还有的为了撬动更多粉丝，盲目迎合成人的审美口味，无法引起儿童共鸣。

动画领域存在的问题也意味着新的市场空间。当前，3 岁至 12 岁儿童的文化娱乐需求巨大，购买力不容小觑，每一个细分领域单拿出来都足以撑起一门生意。就拿《熊出没》来说，陪伴观众一路成长的同时，自己也成为不可替代的国民级 IP。还要看到，市场不光要研究成功 IP 的深层次开发，也要勇于探索尝试，培育更多新 IP。像"百年老店"迪士尼，从米老鼠、唐老鸭起家，现在已经构建起手握上万 IP 的娱乐王国。用源源不断的新内容、新 IP 激发儿童世界的想象力和创造力，也在不断拓展企业发展的边界。

一部优秀的动画作品，不仅能够陪伴孩子度过快乐童年，也将是他们一生的良师益友。今年春晚，节目《看动画片的我们长大了》令人印象深刻，那些耳熟能详的动画片《大闹天宫》《黑猫警长》《舒克和贝塔》等，凭借真善美的价值观，影响了几代人的精神世界，也为许多孩子埋下了梦想的种子。动画片是少年儿童的精神食粮，除了在制作上追求精益求精，其教育导向、内在价值更应受到重视。用什么样的文化产品浇灌童年之花，这道题需要全社会关心和思考。

（刊发于2024年3月2日综合版）

微短剧发展后劲在哪里

春节期间,除了电影市场"热辣滚烫",微短剧行业也火出新高度。春节假期8天,仅抖音平台短剧就有8部播放量过亿。影视IP衍生短剧《超越吧!阿娟》、乡村文旅题材短剧《飞扬的青春》、民俗题材短剧《小年兽与捉妖师》等内容呈现出明显的主题向上化和制作精品化特点,赢得用户真金白银的支持。

观察春节微短剧市场能够发现两个明显变化:一是短剧春节档吸引了以往未被电影、长剧集覆盖的人群观看。以抖音平台为例,其短剧用户以中青年、三线及以上城市人群为主,今年春节期间随着人员流动和"短剧春节档"概念出现,短剧用户更加多元。一些短剧热度更是蔓延到海外平台,反映了微短剧在内容上的不断创新迭代。

二是制作团队不再只是草台班,有了正规军。华策、开心麻花、柠萌影视等专业团队纷纷登场,科班出身的专业演员加盟出演,多部热门影视IP衍生短剧上线,央视频、央视网还计划推出《中国微短剧大会》和《中国微短剧盛典》,主流媒体、视听平台、头部影视公司等"正规军"发挥灯塔聚集效应,推动微短剧从高流量走向高质量。

变化主要得益于主管部门有力倡导。自去年以来,广电总局持续开展网络微短剧治理工作，针对部分内容低俗、同质化的问题，下线了 2 万多部微短剧，有效净化了行业生态。1 月 26 日，广电总局网络视听司召开了 2024 年新春档网络微短剧宣传推介会，重点推介了 16 部将在春节期间上线的优质微短剧，推动春节追短剧成为新潮流、新年俗。

高热度短剧背后离不开平台大力扶持。短视频平台直面用户需求，利用高频与用户连接互动的优势，帮助制作公司更好孵化和运营 IP。春节前夕，各大平台共同推进微短剧档期化运营，不仅效仿长剧提前公布片单造势，还在站内开辟专属话题页引流。从打造内容标杆到加大行业扶持，形成一套微短剧精品支持体系，打开短剧创作的多样性和创新性。

就在去年，微短剧曾多次遭遇口碑危机。有人认为，短剧走红靠的是"爽点"和套路；还有人说，微短剧的成功主要是舍得花钱"投流"，这种"电子榨菜"，前期容易"上头"，后期动力不足。

微短剧的"后劲"究竟在哪里？春节档给出了很好的答案。面对电影、剧集等诸多优质内容的激烈竞争，微短剧稳住了大盘，几部爆款作品在热度和口碑上甚至不输大制作。事实证明，短剧发展有自身独特优势，内容"短平快"，表达接地气，填补受众碎片时间。在此基础上，春节档微短剧兼顾了社会价值、思想价值和情绪价值，必然引发大众共鸣，实现叫好又叫座。

微短剧的发展历程不禁让人联想到网络文学和网剧，二者在发展初期也曾被贴上"快文爽文""低俗庸俗"的标签，如今依靠自身努力走出了一条从小众化到大众化，再到精品化的路子。今年全国两会，代表委员纷纷建言微短剧高质量发展，精品化已成行业共识。春节档的表现更是让行业形成共识：唯市场轻内容、唯娱乐轻艺术的创作注定不能长久，只有牢固树立精品意识，才能持续前行，后劲十足。

微短剧市场再次证明我国文化消费潜力巨大。今年《政府工作报告》强调促进消费稳定增长。文娱内容成为当前恢复和扩大消费不可忽视的重要力量，就拿微短剧来说，不仅剧集本身展现出强大的吸金力，广电总局还启动"跟着短剧去旅行"创作计划，希望用热剧效应催生更多消费热点。不过，内容是1，其他则是后面的0，只有把内容做精，文化产业才能更好发挥溢出效应，全面激发消费活力。

（刊发于2024年3月26日综合版）

香港影视业迎发展契机

近日,第 20 届"香港影视娱乐博览"在香港举行,内容涵盖各大电影奖项、峰会、论坛及展览等。其间,阿里大文娱发布"港艺振兴计划",计划未来 5 年在香港剧集、电影、演出和青年人才培养四大领域投入不低于 50 亿港元。此消息带动 TVB、英皇、寰宇、邵氏兄弟等港股连日飘红。

香港影视产业曾经人才济济,资源丰富,香港电影黄金时期不仅在本土市场获得巨大效益,更在海外市场大放异彩。作为最早实现国际化的华语电影出产地,香港成功打造了一张传播中华文化的闪亮名片。近年来,随着市场变化,香港影视产业面临人才断层、创新乏力、内容式微的严峻挑战。今年全国两会上,不少关注文化领域的港区人大代表、政协委员表达了共同的愿望和决心:重振香港影视产业,让影视产业为推动香港经济发展提供新动力。

重振影视产业有助于提升香港的文化软实力和国际影响力。通过制作优秀影视作品,香港可以充分展示文化魅力和艺术水平,吸引更多国际关注和合作机会。影视产业具有附加值高、融合性强的特点,大力发展影视产业,能够为香港创造更多就业机会和经济效益,进一步促进香港经济繁荣发展。

《粤港澳大湾区发展规划纲要》提出,到 2035 年,粤港澳大湾

文体市场面面观

区文化软实力显著增强，中华文化影响更加广泛深入，多元文化进一步交流融合。"十四五"规划纲要明确提出，支持香港发展成中外文化艺术交流中心。今年正值《粤港澳大湾区发展规划纲要》发布5周年，在公布今年香港财政预算案时，香港特区政府财政司司长陈茂波表示，在2024年至2025年度，特区政府将分别向电影发展基金、创意智优计划注资约14亿港元和29亿港元，支持电影、艺术、设计等不同范畴的项目。可以说，大湾区融合发展为香港文化产业提供了广阔舞台和强劲动力。

近年来，从搭建文化产业展会、论坛、研讨会等多种形式的交流平台，到形成快捷、便利的信息通道，再到支持文化企业开展项目合作，内地与香港的文化产业融合深度、广度不断拓展。内地机构与香港同行合作，既在文化产品内容层面进行创新探索，也在两地影视产业生态共建上开展创新实践，最终将形成以优质内容为核心的长链路、全业态融合。

信心比黄金重要。当前，迫切需要行业和观众提升对香港影视、文艺作品的信心。内地机构和企业拿出真金白银支持港艺振兴，向全行业传递出明确信号：香港影视产业前景广阔，值得吸引更多优秀人才和资金投入。不仅如此，从饮食文化到演艺产业、时尚文化产业，香港以融入大湾区为契机，以振兴影视产业为突破口，有望实现文化艺术繁荣发展的高光时刻。

（刊发于2024年3月23日综合版）

AI 迈入视频时代影响几何

近期，生成式人工智能受到广泛关注。从国际上文生视频模型 Sora 惊艳亮相，到全球首部完全由 AI 生成的电影《我们的终结者 2 重制版》首映，再到国内湖南卫视首个 AI 导演"爱芒"上岗。有人说，AI 正式迈入视频时代。AI 会和影视传媒行业抢饭碗吗？它对相关产业发展影响几何？

从场景看，人工智能技术已在媒体运营、视频剪辑、内容生产等场景中得到广泛应用。2020 年全国两会期间，有媒体利用"智能云剪辑师"实现自动匹配字幕、人物实时追踪、画面抖动修复、横屏速转竖屏等技术操作；2022 年冬奥会期间，央视视频运用 AI 技术制作并发布了冬奥会冰雪项目视频集锦；今年 2 月，央视总台运用 AI 技术将语文教材中的诗词转化制作成国风动画《千秋诗颂》……从辅助到自主，从图生图到文生图，人工智能应用场景不断丰富。

随着算力、预训练模型和多模态技术的发展，人工智能对影视、传媒领域的影响已不再是赚眼球、玩噱头，而是真正解决行业实际问题，带来业务增长，实现降本增效。如 AI 导演"爱芒"，通过分析海量节目内容和观众反馈数据，能够辅助真人导演寻找创作灵感，制定创作方案。技术不断进步，用户需求也越来越理性务实，如何用上、用好大模型，成为企业关注的问题。

文体市场面面观

技术浪潮席卷而来，影视行业主动拥抱。多地广电机构已经成立人工智能实验室，从市场痛点切入寻求技术创新；有的影视公司强化 AI 技术在内容创意、内容制作、内容宣发等影视生产全链路应用；还有的内容公司利用版权优势，助力 AI 大模型训练，并衍生新的商业模式。与人工智能科技企业面向更广泛的市场和客户群体有所不同，影视、传媒行业参与研发的 AI 产品针对性更强，更能满足特定业务需求，是文化与科技深度融合的结果。

人工智能深度融入影视、传媒行业，效果有待进一步观察。目前看，AI 技术尚不完美，比如，在生成音视频时存在不真实的细节和瑕疵，部分画面模糊，人物动作连贯性不够强。对此，相关企业还要深入研究技术痛点，创造真正有价值的应用。从业者也需从自身角度不断训练改进大模型，让人工智能真正为我所用。

对影视、传媒行业来说，人工智能是"助手"不是"对手"。文化产业的核心是情感和创意，人工智能无法取代。不过，它在影视、传媒领域的应用日益广泛，显现出行业对人工智能的需求与日俱增。这也提醒从事相关技术研发的企业，与其走同质化竞争路线，不如精准地匹配产业链中的供给与需求，深耕垂直细分领域，满足企业个性化需求，创造更多发展机遇。

需求在哪里，研发就跟进到哪里。国务院发布实施《新一代人工智能发展规划》，面向经济社会发展的重大需求推出一系列政策举措，正在形成人工智能与各行各业深度融合的良好生态。布局和发展人工智能产业，要紧贴行业需求，只有在实践中推动相关技术不断进步，人工智能才能更好赋能千行百业。

（刊发于 2024 年 3 月 30 日综合版）

后 记

众声喧哗的时代，媒体的影响力从何而来？提出有价值的观点，发出与众不同的声音并被大众所认同，是关键所在。《文体市场面面观》专栏已开栏两年，成文百余篇。这些评论期冀站在经济维度观察文化、体育产业，带着问题意识，跳出"文体"看"文体"，为读者看待新闻事件提供不一样的视角。

见证和记录时代是记者最大的幸运。在15年记者生涯中，我有幸见证了中国文化产业高速发展，文化投资规模持续增长，文化产业规模不断扩大，新型文化业态迅速崛起，文化消费需求快速增长。同时也看到，文化产业在发展过程中不可避免地存在一些问题。比如，文化产品创意不足、精品还不够多，相较于发达国家，被国际普遍认可和喜爱的文化品牌尚未形成规模。我将这些个人观点和思考变成了专栏的一个个选题，不少文章刊发后，引起了业内的关注和讨论，也为《经济日报》的评论品牌小小助力。

专栏的成长也是个人的成长。衷心感谢《经济日报》编委会，让我有机会在专栏耕耘中不断强化记者的"评论意识"，发挥专业记者的"深挖特点"，倒逼自己进行更深入的思考。每一个报道领域都是一座富矿，只要记者的视野足够开阔，思考足够深入，就能从这座富矿挖掘更多有价值的宝藏观点。既然是富矿，就需要我们用心勘探、深入挖潜。坚持越久，挖得越深，产出的观点含金量往往就越高。

　　与专栏"同行"的路上，我时常会想起庆东社长的勉励："成功在久不在新，还是要持之以恒""就像砂石下面的泉水，掘得越深，泉水就越丰沛""人生的奔跑，不在于瞬间的爆发，关键在中途的坚持"……没有这些击中人心的鼓励话语，就不会有专栏的100多期，也不会有今天这本小书的结集出版。我也十分感恩在前行的道路上，有一群志同道合的同事，共同奋斗，相互扶持。

　　我深知，本书中的许多观点还只是碎片化的思考，未必成熟和系统，盼望大家不吝批评指正，让我以更高的目标、更强的动力、更暖的心情，继续努力。

姜天骄
2024年1月